AF353926

ISBN 978-88-942110-0-9

Barbara Miele

UN PULEDRO TUTTO MIO

Vademecum per l'allevatore "in erba"

L'Arca Communication

Introduzione

Ho iniziato ad allevare, un po' per caso, alcuni anni fa. Ero, e sono tutt'ora, proprietaria di una cavalla giovane, con un' ottima genealogia, grandi doti e belle speranze, acquistata con lo scopo di farne un cavallo sportivo.

Purtroppo a pochi mesi dalla doma, effettuata da un professionista in un centro attrezzato, anche a causa del suo carattere ipersensibile, la cavalla ha iniziato ad avere problemi di coliche ricorrenti.

Le indagini veterinarie del caso hanno constatato la presenza di ulcere gastriche e la mia cavalla è stata curata nel migliore dei modi; abbiamo alleggerito il lavoro e provato a gestirla in maniera più naturale, con lunghe permanenze al paddock e un'alimentazione curata e personalizzata, senza tuttavia arrivare ad una soluzione del problema.

Nonostante le ulcere a distanza di alcuni mesi fossero perfettamente guarite, gli episodi di colica continuavano, fino a raggiungere il numero di quattro a settimana.

Chi tra voi ha cavalli, ben conosce la pericolosità di queste coliche ricorrenti e l'effetto che hanno anche sul proprietario stesso. Ad ogni squillo del telefonino sobbalzavo e se la chiamata proveniva dal maneggio il cuore cominciava a martellare nel petto.

Sapevo, dentro di me, che se non avessi fatto qualcosa, prima o poi l'avrei persa, perché di colica, presto o tardi, si muore.

Le avevo provate tutte senza però riuscire a fare stare meglio la mia cavalla.

Dovevo darle tregua, sospendere l'addestramento e in qualche modo permetterle di maturare in un ambiente il più possibile tranquillo e naturale.

Quindi, dopo i tanti tentativi di curare i suoi problemi andati a vuoto, come ultima spiaggia e non senza un pizzico di angoscia, ho pensato alla maternità.

Quello a cui cominciavo a pensare sarebbe stato il mio primo puledro e non potevo permettermi che qualcosa andasse storto. Ho studiato, mi sono documentata e mi sono fatta consigliare.

Ho portato la cavalla a casa e, ai primi tepori di aprile, mi sono lanciata insieme a lei in questa splendida avventura che è la nascita di un puledro praticamente tra le mura domestiche.

Da allora non ho più smesso.

Ormai le fattrici in casa sono tre e, pur allevando per puro diletto, periodicamente sento il bisogno e l'esigenza di creare e plasmare una nuova vita, di vivere l'attesa con trepidazione e curiosità, di assistere alla nascita e di vedere la crescita e lo sviluppo di puledri che considero un po' anche figli miei e per i quali sogno un futuro ricco di successi, ma soprattutto una vita degna di essere vissuta.

Questo manuale raccoglie le mie conoscenze e le mie esperienze e si prefigge di essere un utile vademecum per chi ha deciso di creare il proprio puledro "in proprio". Vi accompagnerò passo dopo passo in questo meraviglioso viaggio, non privo di rischi ed insidie, che inizia con la fecondazione della vostra cavalla e che durerà per tutta la vita del vostro puledro.

1. Poniamoci alcune domande prima di cominciare

A chi di noi non è capitato di vedere la tenerissima immagine di un morbido cucciolo tutto gambe che si lancia in galoppate sfrenate accanto alla sua mamma e di pensare "ne voglio uno anche io!"? I puledri, questi concentrati di pura energia, da sempre attirano le simpatie e catturano gli sguardi degli appassionati. Prima di lanciarsi nella propria "avventura allevatoriale" è bene però porsi qualche domanda e soprattutto darsi delle risposte sincere. State per mettere al mondo una nuova vita, per la quale sarete responsabili e avete il dovere di essere coscienziosi. Il mondo è pieno di cavalli nati per gioco o leggerezza, cercati o non desiderati, di qualità mediocre e/o con tare fisiche che ne condizionano l'intera esistenza e abbassano la loro qualità di vita. E di certo voi non volete una simile sorte per il vostro nascituro.

Perché la vostra esperienza di allevatore sia gratificante è necessario che abbiate le idee chiare fin dall'inizio sul perchè avete deciso di far fare la mamma alla vostra fattrice e su quali progetti avete per il futuro del vostro puledro.

Perchè voglio un puledro?

Spesso la scelta di far vivere l'esperienza della maternità alla propria fattrice parte da motivi prettamente affettivi nei suoi confronti. Forse la nostra cavalla è ormai arrivata alla fine della sua carriera sportiva o, a causa di un infortunio, non può essere utilizzata per un lungo periodo e, convinti del suo valore sportivo, o più semplicemente perchè desideriamo che una parte di lei continui a vivere con noi per sempre attraverso i suoi figli, decidiamo di destinarla all'allevamento. Entrambe queste motivazioni sono valide, ma occorre andare oltre.

Terrò il puledro con me per farne il mio futuro cavallo oppure ho intenzione di venderlo?

A quale utilizzo verrà destinato il puledro?

Dovrete essere molto onesti con voi stessi nel rispondere a queste due domande, perchè in base alle vostre aspettative e ambizioni dovrete agire in modi diversi.

Se già sapete che non potrete tenere con voi il puledro dopo lo svezzamento e sperate di venderlo in breve tempo vi consiglio di pensarci bene: il mercato dei cavalli in Italia (ma anche all'estero) è saturo e quotidianamente ci si imbatte in annunci di vendita di buoni soggetti a prezzi a volte ridicoli, che certamente non vanno a coprire i costi che avrete sostenuto per far nascere e mantenere il vostro puledro fino allo svezzamento. A meno che la vostra fattrice non abbia una genealogia importante e risultati sportivi certificati e di livello medio-alto, sarà difficile vendere il puledro ad un prezzo che superi le spese effettivamente sostenute. Anche i grossi allevatori coprono sempre meno le loro fattrici perchè il mercato del cavallo si è spostato su soggetti adulti, domati e possibilmente con un discreto curriculum sportivo alle spalle e i costi di mantenimento del puledro fino all'età adulta sono lievitati. E se fanno fatica a vendere loro, perchè dovreste vendere voi, illustri sconosciuti? Se pensate di vendere il vostro futuro puledro dovete assolutamente puntare sulla qualità di padre e madre: la vostra fattrice deve avere un curriculum sportivo di tutto rispetto, dovrete scegliere per lei uno stallone conosciuto al grande pubblico o che porti nel suo pedigree una genetica molto richiesta, ma che trasmetta nello stesso tempo caratteristiche fisiche e atletiche che migliorino quelle della vostra cavalla.

Se la motivazione principale è invece affettiva, perchè desiderate crearvi in casa un cavallo che già sapete rimarrà con voi per il resto della sua vita, per il quale non avete grandi ambizioni agonistiche, la questione cambia e siete liberi di sognare e scegliere lo stallone che più vi aggrada.

In entrambi i casi, a prescindere dal futuro utilizzo del vostro puledro, avete il dovere crearlo sano, solido e robusto. Ogni cavallo deve avere in primis alcuni requisiti basilari, che gli garantiranno una vita lunga e soddisfacente: appiombi corretti, schiena forte,un buon carattere e un fisico adatto all'utilizzo che se ne farà. Se desiderate un puledro per competere in gare di endurance non sceglietere di certo uno stallone da salto ostacoli e, allo stesso modo, non utilizzerete uno stallone arabo per creare un cavallo che salti le categorie da un metro e trentacinque; così come non cercherete di creare un campione delle discipline western utilizzando un frisone. Ogni razza ha caratteristiche e peculiarità specifiche, frutto di lunghe selezioni, e ogni linea genetica migliora in linea di massima alcune caratteristiche specifiche della vostra fattrice.

Se poi desiderate un cavallino con il quale condividere il tempo libero, senza alcuna pretesa agonistica o di eccellenza in alcuna disciplina, anche lo stallone del vostro amico o vicino di casa potrebbe fare benissimo al caso vostro, purché corretto morfologicamente e di buon carattere.

Esistono ovviamente le dovute eccezioni. Ho visto un incrocio tra una sella italiana e un murgese fare grandi cose in cross e lo stesso Jappeloup de Luze, un incrocio tra un trotter e una purosangue, alto appena 1,58, ha vinto l'oro nella disciplina del salto ostacoli alle olimpiadi negli anni ottanta. Gli stessi fratelli D'Inzeo, negli anni sessanta, incantarono il pubblico italiano e straniero in sella a cavalli maremmani. Da allora però le competizioni, soprattutto ad alto livello, sono diventate molto più tecniche e selettive e quindi queste eccezioni rimangono, appunto, eccezioni e isolati casi fortunati.

Detto questo, i documenti d'origine del vostro cavallo sono importanti, ma non sempre indispensabili. Io stessa ho in allevamento una fattrice, ex cavalla da salto ostacoli proveniente da un noto allevamento del Sud Italia, che non possiede documenti di origine da parte di padre, in quanto lo stallone utilizzato per fecondare la madre, pur essendo un ottimo cavallo, con importante genealogia e risultati concreti in concorsi internazionali, non era stato approvato alla monta in Italia. Io però so che la mia fattrice porta nelle sue vene il sangue di ottimi riproduttori sportivi ed essendo lei stessa stata un'ottima cavalla da salto so per certo che, con lo stallone giusto, trasmetterà ai suoi figli le qualità necessarie a distinguersi nello sport, nonostante a questi cavalli mancherà una parte del pedigree.

Sappiate comunque che il costo di allevare un puledro figlio di NN o figlio di un grande campione differisce soltanto nell'acquisto del seme dello stallone. Tutte le altre spese di cui vi farete carico fino all'età adulta del vostro futuro cavallo sono uguali, sia che nelle sue vene scorra il prezioso sangue del riproduttore più richiesto del momento, sia che abbiate intenzione di far nascere un cavallino da tempo libero senza pretese agonistiche. A parità di costi conviene quindi puntare sulla qualità di linee genetiche confermate che sono in parte garanzia di una produzione di qualità.

2. Alla base di tutto: la fattrice

Questa dovrebbe essere teoricamente la parte più semplice: chi meglio di voi conosce la vostra fattrice, i suoi pregi e difetti, le caratteristiche da migliorare e le doti che desiderereste che vengano trasmesse al nascituro? In questa fase dovrete essere però assolutamente obiettivi, perchè dovrete valutare la vostra cavalla con occhio critico sia dal punto di vista fisico, morfologico e dell'attitudine che dal punto di vista caratteriale.

Gli appiombi sono corretti?

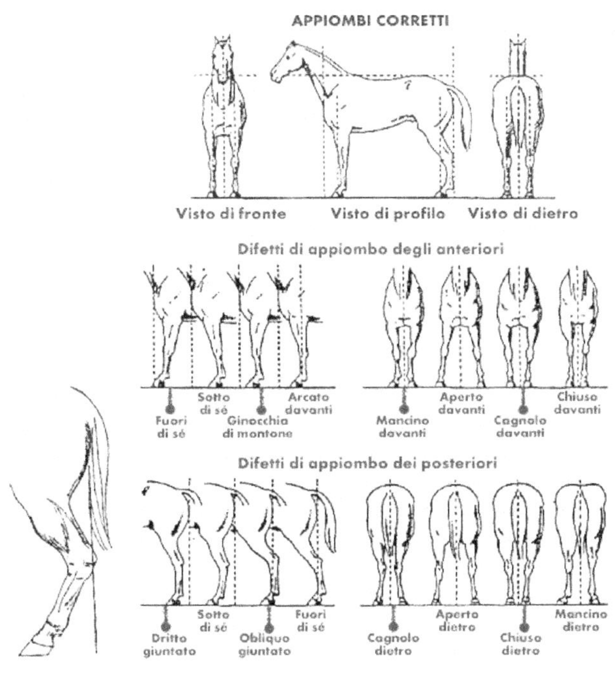

La schiena è forte, corta, lunga?

La spalla è corretta?

L'incollatura è corta, tozza, lunga, collo di cervo, rovesciata?

Come è la groppa?

Questa valutazione è molto importante, in quanto le potenzialità fisiche e agonistiche del vostro futuro puledro dipenderanno da come è "costruito" il suo fisico, e il suo corpo, inevitabilmente, erediterà le caratteristiche della madre e del padre.

Lo stesso lavoro dovreste farlo dal punto di vista caratteriale e dell'attitudine: se la vostra cavalla è nevrile e molto insanguata, ipersensibile e con un carattere forte e voi desiderate un puledro con un carattere un po' più equilibrato dovrete optare per un padre che trasmette queste caratteristiche.

Ricordatevi che ognuno dei tratti (somatici o caratteriali) della vostra cavalla potrebbe essere trasmesso al puledro e, soprattutto se quella che state progettando è la sua prima gravidanza, non potete essere certi che il nascituro erediti le caratteristiche desiderate o i difetti che vorreste invece correggere.

Esistono infatti cavalle che hanno, per così dire, un profilo genetico "forte": ogni puledro che mettono al mondo sembra la sua fotocopia; altre invece che hanno solo una relativa influenza genetica sui figli, che risultano molto diversi tra loro e, inevitabilmente, finiscono per essere molto più simili alla linea paterna.

Nell'individuazione delle caratteristiche "dominanti" potrebbe esservi d'aiuto una ricerca nella linea materna della vostra fattrice. Sua madre, pur con stalloni diversi, ha prodotto cavalli con caratteristiche simili? I fratelli e le sorelle le somigliano morfologicamente? Se esistono dei "tratti ricorrenti" che la madre della vostra cavalla ha trasmesso a gran parte della sua discendenza è molto probabile che la vostra fattrice li trasmetta a sua volta alla prole.

Esempio:

La mia fattrice è alta 1,61. Sua madre 1,60 e sua nonna 1,58.

La madre ha prodotto diversi puledri, con stalloni scelti, tra le altre cose anche per incrementare l'altezza dei figli. Tutti i fratelli maschi della mia fattrice sono alti quasi quanto il padre, tutte le sorelle sono "bassine". Ci troviamo molto probabilmente di fronte ad una caratteristica genetica "forte" che la madre della mia fattrice trasmette soprattutto in linea femminile, e che la mia fattrice potrebbe a sua volta trasmettere ai suoi figli. La mia fattrice ha avuto un puledro maschio con uno stallone alto 1,70 e il puledro, a due anni è più alto della madre; ne deduciamo quindi che il figlio non ha ereditato dalla madre il gene che determina l'altezza finale. Ma ho ragionevoli motivi di credere che, se la mia fattrice dovesse partorire una femmina, quant'anche coperta con uno stallone di grossa mole, la stessa avrebbe un'altezza a fine crescita più vicina a quella della madre che a quella del padre.

Annotatevi quindi tutte le caratteristiche che desiderate vengano trasmesse al puledro e quelle che desiderate, se non correggere, almeno migliorare. Questo elenco vi servirà nella scelta dello stallone giusto per la vostra fattrice, colui che esalterà i pregi e migliorerà le eventuali carenze fisiche o attitudinali.

Un discorso a parte va fatto per i tratti caratteriali della vostra cavalla: se è vero che il DNA del vostro puledro sarà composto al 50% da quello della madre e al 50% da quello del padre, ricordatevi che il nascituro passerà i primi sei mesi della sua esistenza in compagnia della madre, suo primo importante punto di riferimento e che da lei assorbirà, per istinto d'imitazione, atteggiamenti, vizi o paure.

Un puledro che cresce al piede di una cavalla ombrosa, che salta per aria ad ogni fruscio di vento, molto probabilmente avrà le stesse paure e le stesse reazioni, perché proprio dalla madre avrà imparato a comportarsi così.

Una cavalla coraggiosa, curiosa, equilibrata e facile da maneggiare darà invece sicurezza ai figli, che molto probabilmente affronteranno le novità della vita con piglio spavaldo e fiducia.

3. Unire per migliorare ulteriormente:

la scelta dello stallone

Che lo scegliate superblasonato o giovane e emergente, lo stallone dovrà essere "quello giusto" per la vostra fattrice e dovrà possedere le caratteristiche fisiche, caratteriali e sportive necessarie a creare un prodotto che sia migliore della madre. Se state pensando ad una gravidanza per la vostra amata cavalla sicuramente avrete un'idea di chi vorreste fosse il padre del puledro, forse avete avuto un "colpo di fulmine" per il cavallo sportivo più in forma o in voga nel momento, ma non sempre è scontato che proprio quello stallone sia quello giusto per voi.

Tante sono le variabili da tenere in considerazione e molti i criteri di selezione del padre del vostro futuro cavallo:

- Conformazione fisica

In primis lo stallone che sceglierete per la vostra fattrice deve avere le qualità che mancano a lei e se possibile anche le caratteristiche che desiderate conservare o potenziare.

Se la vostra cavalla ha una buona groppa con molta forza, appiombi corretti con un'ossatura sottile e buoni piedi, schiena e collo corto che le conferiscono però un'agilità fuori dal comune, piccola statura e andature non molto ampie, ma un'ottima attitudine al salto, molto coraggio e la "voglia di vincere" che spesso è associata ad un carattere forte e un po' ribelle cercherete di compensare le "mancanze" con uno stallone di struttura con una buona altezza e un'ossatura solida, una buona incollatura, andature ampie e buona cavalcabilità. Per confermare e consolidare le qualità della cavalla il prescelto dovrà avere uguale attitudine al salto, lo stesso coraggio, abbinato però possibilmente ad un buon carattere, che andrà a "limare" le spigolosità della vostra fattrice. Non pensate di compensare un difetto con il difetto opposto, pensando così di ottenere un prodotto corretto; non è così che funziona: il puledro potrebbe nascere o con il difetto ereditato dalla madre o con il difetto del padre. Ad esempio, non andate a cercare un cavallo con un'incollatura esageratamente lunga, o a "collo di cervo", pensando di compensare il collo corto e tozzo della vostra fattrice, perché il puledro potrebbe ereditare o il collo lungo o il collo corto, ma non la via di mezzo corretta che cercate.

- linea genetica e approvazione nei vari stud book

Lo studio degli antenati dello stallone che vorreste dare alla vostra fattrice è importantissimo, sia per evitare una eccessiva consanguineità sia per apportare caratteristiche fisiche e attitudinali al vostro puledro. Internet e il web sono ottime fonti di informazione ed esistono database e siti che con pochi clic vi permettono di accedere a tutte le informazioni riguardanti lo stallone, i suoi risultati sportivi, i suoi antenati e la sua discendenza.

Un altro criterio di scelta del padre del vostro futuro puledro è l'approvazione nei vari libri genealogici. Sicuramente avrete già un'idea di che nazionalità dare al nascituro, e certamente la vostra scelta dipenderà anche dalla razza della madre.

Sappiate che non tutti i libri genealogici del cavallo da sella accettano come fattrice ogni femmina iscritta; alcuni, più selettivi di altri, prevedono valutazioni morfologiche e sportive della cavalla nel corso di rassegne e manifestazioni organizzate ad hoc.

Lo stesso discorso vale per gli stalloni: nella maggior parte degli stud book europei vengono organizzate rigorose selezioni che si compongono di valutazioni morfologiche e attitudinali, oltre che di capillari visite veterinarie complete di radiografie, le quali garantiscono l'assenza di difetti genetici che potrebbero essere trasmessi alla prole. Soprattutto in Germania, patria del moderno cavallo sportivo, le selezioni sono severissime e solo i migliori e qualitativi stalloni ottengono l'approvazione alla monta.

In altri paesi, Italia compresa, ogni maschio iscritto al libro genealogico che abbia compiuto i 36 mesi è abilitato alla monta.

Assicuratevi che lo stallone prescelto sia approvato alla monta nel libro genealogico in cui intendete iscrivere il vostro puledro e informatevi sull'iter burocratico da seguire per la denuncia di nascita e l'iscrizione del nascituro, che variano da un libro genealogico all'altro.

- Stallone giovane o riproduttore affermato?

Esistono vantaggi e svantaggi sia che scegliate lo stallone più in voga del momento o che vi orientiate su un giovane emergente.

Il riproduttore giovane (che ha meno di 8 anni) solitamente viene offerto a condizioni economiche vantaggiose ma, nonostante i criteri di approvazione siano severi e selettivi, non si può ancora valutare né la sua carriera agonistica, che arriva all'apice quando il cavallo ha tra i dieci e i quattordici anni, né la qualità della sua produzione, in quanto i figli sono troppo giovani per valutarne le qualità sportive. La qualità del seme è però ottima e il tasso di fertilità alto. Sempre in Germania è consuetudine l'utilizzo di stalloni giovani che, arrivati alla maturità agonistica, vantano già una discendenza che si distingue sui campi di gara.

I riproduttori affermati danno qualche certezza in più, sia a livello di risultati sportivi personali che della prole, ma inevitabilmente un ricco palmares di vittorie incide sul costo del seme e sulle condizioni di vendita dello stesso.

- risultati sportivi

Un padre che ha gareggiato ad alto livello collezionando vittorie e piazzamenti è di sicuro valore aggiunto nel pedigree del vostro puledro ed è da preferire se la vostra aspirazione è quella di vendere il nascituro. In rete e su youtube potrete inoltre trovare, inserendo il nome del riproduttore, numerosi video che vi aiuteranno a valutarne i movimenti, l'indole, la cavalcabilità e l'attitudine sportiva del soggetto.

- produzione

Una ricerca in rete sulla discendenza dello stallone che intendete utilizzare vi aiuterà a capire meglio quali caratteristiche in comune hanno i suoi figli, seppur prodotti con fattrici molto diverse tra loro. Se poi non volete lasciare nulla al caso potete anche fare una ricerca sui risultati sportivi della prole e stilare una vostra personale statistica sul suo valore e sulle sue performances, sempre tenendo presente che anche la qualità delle madri influisce sulle potenzialità sportive dei figli. Può essere una ricerca lunga, se volete essere capillari, ma vi assicuro che potreste appassionarvi!

- costo, condizioni di vendita e reperibilità del seme

A meno che non decidiate di utilizzare lo stallone del vostro vicino in monta naturale dovrete acquistare il seme ed affidarvi ad un veterinario specializzato in fecondazioni per l'inseminazione della fattrice. Il costo del seme può variare da poche centinaia di euro (almeno 300 per lo stallone giovane, ancora privo di curriculum sportivo ad alto livello ma con ottime linee genetiche e parenti illustri nel pedigree) a qualche migliaio per i riproduttori affermati e con risultati sportivi ai massimi livelli.

Anche le condizioni di vendita del seme possono differire molto tra loro: potreste dover anticipare l'intero importo del seme alla stipula del contratto di monta (i campioni dei migliori stallonieri tedeschi si pagano in anticipo), ma più spesso vi verrà chiesto di versare un acconto alla firma del contratto e il saldo il 1 ottobre, solo se la cavalla sarà gravida. Con la diminuzione delle nascite e delle richieste degli ultimi anni alcuni proprietari di stalloni, per incentivarne l'utilizzo, richiedono il pagamento il 1 ottobre, a cavalla gravida, o addirittura a puledro nato.

Se quella che state progettando sarà la prima gravidanza per la vostra cavalla, e non conoscete quindi il suo tasso di fertilità, potrebbe essere utile non rischiare il pagamento anticipato del seme, con il rischio di ritrovarsi con la cavalla "vuota" alla fine della stagione di monta.

Essendo l'attività riproduttiva difficilmente compatibile con le competizioni di alto livello, che oltre a intensi sforzi fisici obbligano a continui spostamenti, molti stalloni in attività sportiva sono disponibili alla monta soltanto con seme congelato; altri invece vengono ritirati dalle competizioni nel periodo dell'attività riproduttiva e sono utilizzabili anche in seme fresco. Le due alternative implicano procedure e costi diversi, che vanno valutati con attenzione.

- ubicazione dello stallone

I pacchi contenenti il seme sono refrigerati, viaggiano con corriere espresso e arrivano a destinazione in 24 ore dall'ordine anche se lo stallone da voi prescelto risiede dall'altra parte d'Europa. I costi di imballaggio e spedizione differiscono se lo stallone risiede all'estero e si aggirano intorno ai 120 euro a spedizione, contro i 60-80 euro che si spendono per ogni singolo invio se lo stallone risiede in

Italia. Se il centro di prelievo del seme fosse proprio vicino a voi esiste la possibilità di ritirare di persona il contenitore, riducendo ancor più i costi.

Questo nell'evenienza che vi affidiate ad un veterinario che fecondi la fattrice al vostro domicilio; in alternativa potreste trasferire temporaneamente la vostra cavalla in un centro di inseminazione o in clinica, evitandovi di dover essere presenti alle visite del veterinario e di dovervi occupare in prima persona degli ordini e dell'invio del materiale seminale, ma privandovi di una bella parte delle emozioni collegate alla diagnosi di gravidanza.

4. Prima di fecondare

Dopo aver scelto il padre del vostro puledro dovrete ricercare un veterinario specializzato in fecondazioni al quale affidare la vostra fattrice. Assicuratevi che sia in possesso di un codice UVAC, che lo abilita alla fecondazione, e che sia disponibile ad essere contattato anche durante la notte se il parto dovesse risultare difficile e richiedere un intervento tempestivo.

Prendete un appuntamento per una visita preliminare della cavalla nel corso della quale il vostro veterinario valuterà con un'ecografia (se primipara) lo stato del suo sistema riproduttivo e l'eventuale presenza di cisti uterine che potrebbero rendere difficile una fecondazione e una gravidanza. Anche la sua conformazione fisica esterna va valutata attentamente, in quanto potrebbe essere la causa di ripetute infezioni che precludono o rendono difficile il concepimento; in questo caso il veterinario valuterà se è il caso di procedere a ripetuti lavaggi uterini e a una cucitura di Caslick, che chiude parte della vulva per impedirne le contaminazioni dall'esterno. Il veterinario controllerà inoltre se il ciclo estrale della vostra cavalla si è già riavviato dopo la pausa invernale. Solitamente i calori cessano durante la stagione fredda, quando le giornate sono corte, per riavviarsi spontaneamente a inizio primavera, quando l'aria diventa tiepida e le ore di luce aumentano. E', questo, un sistema che la natura ha escogitato per evitare che i puledri vengano alla luce in pieno inverno, quando le rigide temperature e la mancanza di erba rendono più difficile l'adattamento all'ambiente circostante e la sopravvivenza stessa del nascituro. Dal momento che la gravidanza durerà undici mesi, e che con un po' di fortuna la vostra fattrice potrebbe rimanere gravida già al primo tentativo, vi consiglio di programmare bene il periodo di fecondazione: in caso contrario il vostro puledro dovrà combattere con le rigide temperature notturne dell'inverno e voi dovreste aiutarlo a non disperdere il calore corporeo con lampade e coperte.

Controllate insieme al vostro veterinario il piano vaccinale della futura mamma, e organizzatelo in modo che, alla nascita del puledro, una quantità sufficiente di anticorpi possa passare attraverso il latte da madre a figlio.

Se volete fare le cose per bene date un'occhiata anche ai denti e programmate un intervento di limatura di eventuali punte prima della fecondazione: non vorrete certo trovarvi con un ascesso improvviso o con difficoltà di masticazione proprio nel momento in cui la vostra fattrice ha più bisogno di assimilare i nutrienti contenuti nel cibo; una sedazione e interventi invasivi durante la gravidanza (soprattutto nei primi mesi) potrebbero mettere a rischio la prosecuzione della stessa.

Nei mesi precedenti la fecondazione, soprattutto se avete appena ritirato la vostra cavalla da un'attività sportiva intensa, permettetele di tornare gradualmente ad una vita più rilassata e a contatto con la natura favorendo lunghe permanenze in libertà all'aria aperta: questo aiuterà il suo fisico e la sua psiche a liberarsi dagli stress della vita da atleta e a prepararsi alla futura gravidanza, favorendola. Esistono inoltre integratori alimentari che favoriscono la fertilità, da somministrare in aggiunta alla normale alimentazione alcune settimane prima di iniziare le pratiche di fecondazione.

5. La fecondazione

Ci siamo: avete scelto lo stallone giusto per la vostra fattrice, stipulato il contratto di monta con lo stalloniere o l'importatore del seme, trovato e contattato il veterinario che effettuerà la fecondazione e la vostra cavalla è in caldo. Il calore, una volta "ripartito" dopo la pausa invernale, si presenta ogni 21 giorni e ha una durata di 5 o 6 giorni, con l'ovulazione che avviene 24-48 ore prima della fine del calore.

Con l'aiuto di un ecografia il veterinario stabilirà il momento migliore per ordinare il seme e da questo momento in avanti la procedura sarà diversa a seconda che utilizziate seme fresco o congelato.

Nel caso del seme fresco la fecondazione dovrà avvenire prima dell'ovulazione e il momento migliore per ordinare il seme è quando il follicolo raggiunge i 35-38 mm di diametro. Da questo momento si hanno circa 48 ore prima dell'ovulazione e la fecondazione con seme fresco deve essere fatta possibilmente prima che questa avvenga. Naturalmente non è possibile generalizzare e ogni cavalla è "un caso a sè": ci sono fattrici che ovulano quando il follicolo raggiunge i 38 mm e altre che se la prendono più comoda, facendoci aspettare ancora diversi giorni prima dell'ovulazione. Il seme dello stallone, se di buona qualità, rimane vitale anche per 48 ore dopo la fecondazione, ma se il controllo ecografico effettuato il successivamente alla fecondazione dovesse evidenziare che l'ovulazione non è ancora avvenuta, è consigliabile richiedere un nuovo invio del seme, in modo da fecondare nuovamente a 48 ore di distanza e non rischiare di perdere il momento propizio.

Follicolo pre ovulatorio

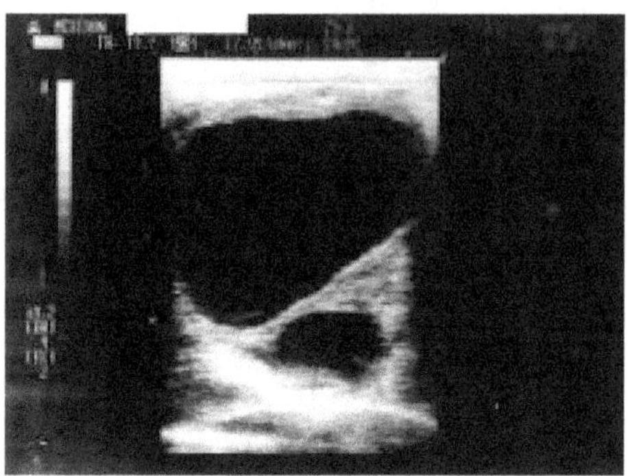

La vostra fattrice potrebbe avere più di un follicolo "a maturazione" nello stesso calore. Spesso quando c'è l'ovulazione i follicoli non del tutto maturi "tornano indietro", ma può capitare che più follicoli vengano fecondati e che si instauri una gravidanza gemellare. In questo caso sarà opportuno procedere tempestivamente, in quanto raramente le gravidanze multiple nel cavallo vanno a buon fine, sia per la madre che per i feti.

Il seme congelato vi viene recapitato in un contenitore criogeno ed è conservato in azoto liquido. Ha una durata di conservazione molto lunga e potreste stupirvi nel leggere sulla confezione che il prelievo potrebbe essere avvenuto anche dieci anni prima. Questo vi permetterebbe teoricamente di fecondare la vostra fattrice con uno stallone che magari è deceduto qualche anno prima.

La fecondazione con seme congelato deve avvenire entro poche ore dall'ovulazione e per questo motivo richiede controlli accurati ed ecografie per monitorare l'ovulazione ogni sei ore, giorno e notte. Pochissimi sono i veterinari disponibili a "pernottare" nella vostra scuderia, quindi se avete deciso di utilizzare il seme congelato è quasi scontato che dovrete portare la fattrice in un centro equino attrezzato e specializzato.

L'embrio transfer

Oggigiorno è possibile a costi relativamente contenuti, far fare la mamma anche ad una cavalla impegnata nell'attività sportiva, senza bisogno di interromperne la carriera agonistica. Questa tecnica consiste nell'espianto dell'embrione tramite lavaggio uterino tra l'ottavo e il decimo giorno di gravidanza della cavalla e il suo impianto presso una ricevente, precedentemente sincronizzata ormonalmente con la "donatrice". Il puledro avrà i geni della vostra cavalla, ma sarà la ricevente a portare a termine la gravidanza e a fare da mamma al nascituro.

6. Controlli in gravidanza

Il giorno dopo la fecondazione di norma si effettua un'ulteriore ecografia per controllare se l'ovulazione è avvenuta: in caso contrario si richiede una nuova spedizione del seme, per fecondare nuovamente prima che termini il calore. A questo punto si incrociano le dita e si attendono due settimane.

Le aspettative dopo la prima fecondazione sono altissime: potreste passare i 14 giorni successivi a cercare nella vostra fattrice piccoli segni che vi confermino che la gravidanza è cominciata.

Non rimanete delusi se non ottenete il risultato sperato al primo tentativo. Una gravidanza (che non è un processo meccanico ma una catena di eventi e operazioni che si conclude con la generazione di una vita) ottenuta con un solo intervento inseminante, soprattutto in una primipara, è frutto unicamente della fortuna perché anche il più bravo veterinario ha bisogno di capire quali sono i tempi di ovulazione di una cavalla che non conosce e solo al secondo tentativo saprà esattamente QUANDO fecondare.

 In questo lasso di tempo, se la fecondazione è andata a buon fine, si instaura la gravidanza, che durerà 11 mesi. All'interno del corpo della vostra fattrice l'ovulo fecondato ha iniziato la moltiplicazione cellulare generando l'embrione ed è migrato nell'utero, che ha raggiunto intorno all'ottavo giorno dalla fecondazione e dove si fissa tra il 12 e il 17 giorno, producendo ormoni che bloccano il ciclo estrale e aiutano il riconoscimento della gravidanza da parte del corpo materno. Dall'esterno non noterete alcun cambiamento fisico nella vostra cavalla, ma ad un occhio attento potrebbe non sfuggire una estrema rilassatezza, che a volte sconfina in una vera e propria spossatezza. Ero certa di ogni singola gravidanza delle mie fattrici ancora prima dell'ecografia di controllo perché passavano le giornate a sbadigliare, e addirittura poteva capitare di trovarle a terra, beatamente addormentate anche durante il giorno. In ogni caso una nuova ecografia intorno al 14 giorno stabilirà se la fecondazione è andata a buon fine, se la cavalla è gravida e se eventualmente, in caso di ovulazione doppia, si sia instaurata una gravidanza gemellare.

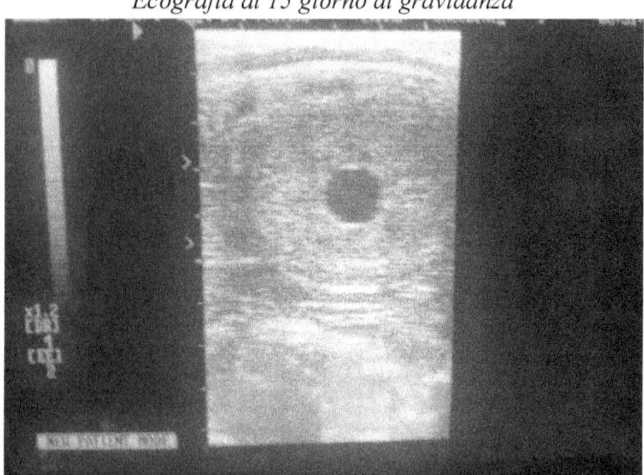

Ecografia al 15 giorno di gravidanza

Se la vostra fattrice aspettasse due gemelli il vostro veterinario dovrà intervenire tempestivamente e attraverso una sonda ecoguidata "schiacciare" uno dei due o più ovuli fecondati, solitamente il più piccolo. E' una pratica antipatica che può sembrare eticamente scorretta, ma potrebbe salvare la vita della vostra fattrice e del puledro che rimane. Purtroppo gli equini hanno una conformazione fisica non compatibile con una doppia gravidanza e nella cavità addominale, già relativamente piccola per contenere un intestino molto lungo, non c'è spazio a sufficienza anche per due puledri che, nella migliore delle ipotesi potrebbero nascere prematuri o immaturi. Nell'evenienza peggiore la vostra fattrice potrebbe soccombere per colica ancora prima di partorire.

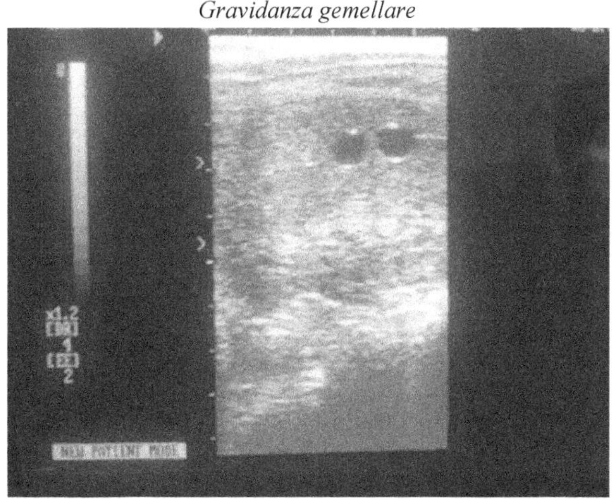

Gravidanza gemellare

Tra il 20 e il 25 giorno di gravidanza si forma il sacco vitellino e il cuore comincia a battere: riuscirete a vederlo distintamente nell'ecografia che si effettua solitamente al 30 giorno di gravidanza e sarà un'emozione grande, la prima prova tangibile che il vostro puledro c'è ed è vivo.

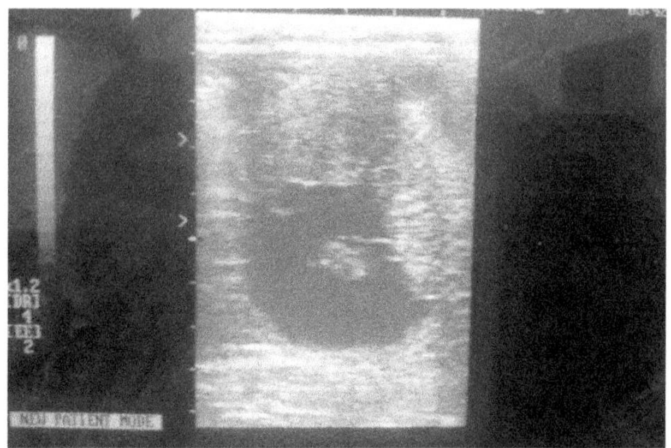

Ecografia al 30 giorno di gravidanza

Intorno al 40 giorno inizia a svilupparsi anche il cordone ombelicale, a 60 il feto ha già le sembianze di un cavallino ed è lungo tra i sette e gli otto centimetri. Nel corso dell'ecografia di controllo al 60 giorno potreste vederlo muoversi e galoppare.

Ecografia al 60 giorno di gravidanza

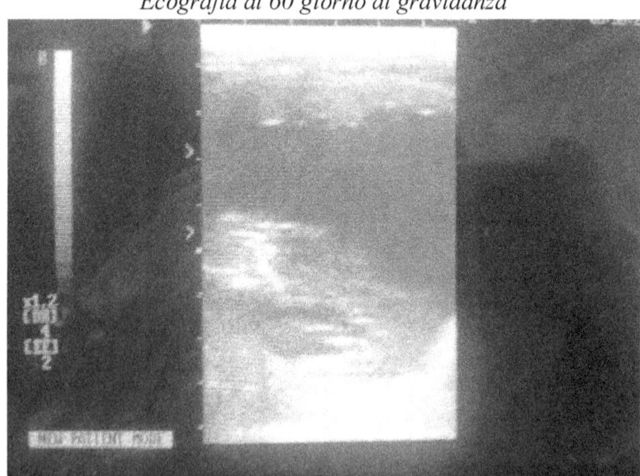

Normalmente dopo i primi due mesi di gravidanza il rischioche la cavalla "riassorba" il feto dovrebbe essere scongiurato, in quanto è la placenta stessa che produce ormai gli ormoni che sostengono e permettono il proseguimento della gravidanza e la gran parte dei veterinari sospende le visite di controllo, a meno che non desideriate conoscere il sesso del nascituro, -visibile con un apparecchio di buona qualità tra il 75 e il 90 giorno di gestazione.

Da quel momento il poi non lo vedrete più, fino alla sua nascita.

All'interno del corpo materno il vostro puledro però cresce: durante il terzo mese si formano le orecchie e la lunghezza è di 12-14 centimetri. Alla fine del quinto mese misura 33-35 centimetri e compaiono i primi peli sulle labbra, il barbozzo e la coda. E' questo il momento per il primo vaccino contro l'herpes Virus abortivo alla cavalla, che andrà ripetuto durante il settimo e il nono mese.

Nel frattempo il vostro puledro continua a svilupparsi: alla fine del sesto mese compare la peluria sulla criniera e il feto è cresciuto notevolmente fino a raggiungere i 50-60 centimetri.

Durante il settimo mese coda e criniera si infoltiscono e il piccolo misura circa 70 centimetri, mentre alla fine del nono mese tutto il corpo eccetto il ventre è ricoperto di manto e la lunghezza varia tra gli 85 e i 90 centimetri.

Già alla fine del settimo mese molte fattrici iniziano a mostrare rotondità ma non è la regola: altre infatti rimangono longilinee fino alla fine del nono mese, portando l'allevatore a domandarsi se realmente il puledro sia ancora lì, per poi svilupparsi velocemente solo negli ultimi due mesi di gestazione.

Con l'approssimarsi del termine, circa quindici giorni prima della data presunta del parto, se avete deciso che la vostra fattrice partorirà a casa e desiderate stare più tranquilli, potete chiedere al vostro veterinario di effettuare un'ultima visita, di palpazione e/o ecografica, per stabilire se il puledro è ben posizionato. Se il nascituro fosse in posizione podalica ci sarebbe ben poco da fare in loco per girarlo ma almeno avreste il tempo per pianificare il trasporto in clinica, perché solo in una struttura altamente specializzata potrebbero salvare, se non il figlio, almeno la madre.

Fortunatamente questo è un caso piuttosto raro e quest'ultima visita alla vostra cavalla servirà più che altro a tranquillizzare voi e a non far correre rischi inutili a lei. Il veterinario, tramite palpazione, riuscirà a toccare il vostro puledro (la testa se è posizionalo correttamente) e a stabilire se è già in posizione per il parto.

7. Gestione e alimentazione della fattrice

Come già detto, durante i primi due mesi di gravidanza esiste il rischio di riassorbimento dell'embrione. La vostra fattrice risultava gravida nel corso dell'ultima ecografia e alla visita successiva non si vede più nulla. In molti casi questa è una risposta del corpo materno a malformazioni del feto e a disfunzioni placentari. La selezione naturale, che prevede che soltanto i più forti riescano a sopravvivere, comincia già nell'utero materno.

Esistono però anche altre cause di riassorbimento, legate perlopiù a stress emotivi e fisici. E' perciò molto importante che la vostra fattrice, sin dal momento del concepimento - meglio se già da prima che esso avvenga - conduca una vita tranquilla in un ambiente sereno.

No quindi a attività sportive intense, l'ideale sarebbe di sospendere del tutto il lavoro, per permettere al suo corpo di meglio dedicarsi alla gravidanza appena iniziata.

No anche a spostamenti e viaggi lunghi e massacranti.

No a cambi di scuderia e di ambiente se la vostra fattrice è emotiva e abitudinaria.

La vostra cavalla, se non lo avete già fatto in precedenza, dovrebbe tornare gradualmente ad uno stile di vita più naturale, con lunghe permanenze al paddock, possibilmente il compagnia dei suoi simili o, ancora meglio, inserita in un branco, dove avrà la possibilità di muoversi e di approfittare e godere delle ore di sole e di un'alimentazione più naturale e ricca di erba.

Insomma, permettetele, dopo una vita durante la quale vi ha dato soddisfazioni e gioie sportive, di tornare a "fare il cavallo", pur continuando ad occuparvi di lei, dedicandole tempo e attenzioni. E' molto importante che non si disabitui al contatto quotidiano e che impari ad accettare che la tocchiate ovunque. Una fattrice che ha totale fiducia in voi e che accetta di buon grado qualsiasi manipolazione potrebbe fare la differenza nel momento del parto e nelle ore immediatamente successive, quando in alcuni casi il vostro intervento potrebbe essere risolutivo.

E' inoltre risaputo che i puledri nati da fattrici molto tranquille e propense al contatto con l'Essere umano siano a loro volta, per istinto di imitazione, meno ombrosi e più socievoli.

Abituate sin dai primi mesi di gestazione la vostra cavalla ad essere manipolata e toccata in ogni parte del corpo, con particolare attenzione alle mammelle. Toccatele, sfiorate e massaggiatele frequentemente fino a quando la vostra fattrice non manifesterà più alcuna reazione avversa. Una cavalla correttamente desensibilizzata al tocco sulle mammelle accetterà più facilmente e di buon grado che il puledro vi si attacchi, a volte con modi rudi, anche quando saranno piene di latte e doloranti.

L'alimentazione durante i primi mesi di gravidanza non deve essere modificata; è un errore pensare che sin dall'inizio della gestazione la futura mamma debba "mangiare per due". Un'alimentazione troppo ricca, abbinata ad uno scarso esercizio fisico, potrebbe portare a problemi di obesità, che non favoriscono certamente un parto facile, o a laminiti. Solo a partire dall'inizio dell'ottavo mese dovrete gradualmente passare ad un'alimentazione specifica per fattrici, che assicura il necessario apporto energetico a madre e nascituro e favorisce la lattazione. Ogni casa produttrice di mangimi e fioccati per cavalli possiede una linea dedicata all'allevamento, con i giusti componenti e le giuste proporzioni e quantità di nutrienti, indispensabili per un corretto sviluppo del puledro e un ottimale apporto di tutte le sostanze necessarie alla madre. Integrate con fieno di ottima qualità, che deve essere lasciato a libera disposizione della fattrice e, nel corso dell'ultimo mese prima del parto, somministratele quotidianamente dell'erba di buona qualità, che rinfresca e favorisce la lattazione.

Durante gli ultimi mesi di gravidanza riuscirete sicuramente a vedere i movimenti del puledro nell'utero materno; basterà armarsi di pazienza e osservare per alcuni minuti la zona dei fianchi. Se poi lo desiderate, durante la pulizia della fattrice potrete soffermarvi ad accarezzare proprio quella zona facendo una leggera pressione. Dopo alcuni tentativi vi accorgerete che il puledro si muove sotto la vostra mano e a volte esercita a sua volta una pressione verso di voi. E', questo, il primo, bellissimo e importante contatto che potete avere con il nascituro. A casa mia andiamo addirittura oltre: parliamo e facciamo ascoltare musica ai nostri puledri ancor prima che vengano al mondo. Basta un cellulare appoggiato sul fianco della madre, una musica lenta - sempre la stessa - ripetuta più e più volte. Abbiamo avuto le prove dopo la nascita, facendogliela ascoltare nuovamente, che i puledri in qualche modo riconoscono la melodia, e che la stessa produce in loro una sensazione di calma, fiducia e rilassatezza, forse simile alla sicurezza che dava loro un tempo il grembo materno. Non mi vergogno ad ammettere di aver usato questo sistema, in un paio di occasioni di estrema emergenza, per riportare la serenità in uno dei miei puledri che aveva avuto un trauma causato da un incidente e che era, in quel momento, impossibile non solo da maneggiare, ma anche da avvicinare. Che ci crediate o no, ha funzionato! Ho ragione di credere che lo stesso valga per la nostra voce: se l'avranno sentita più e più volte ancor prima di nascere la riconosceranno in qualche modo dopo essere venuti al mondo e per voi sarà più facile instaurare con loro da subito un legame improntato alla fiducia.

Controllate regolarmente la crescita degli zoccoli della vostra fattrice e programmate eventualmente un pareggio tenendo conto che nell'ultimo periodo di gravidanza la vostra fattrice si sentirà appesantita e con molta probabilità faticherà a portare tutto il peso su un posteriore mentre il maniscalco si occuperà del pareggio. Non aspettate quindi l'ultimo momento prima di intervenire.

Se avete deciso di far partorire la vostra cavalla in un luogo diverso da quello in cui ha trascorso la gravidanza, assicuratevi che il suo trasferimento (entro un raggio di pochi chilometri, in modo da non causarle inutili stress) avvenga almeno un mese prima del lieto evento. Gli anticorpi prodotti dalla vostra cavalla, che verranno assimilati dal puledro attraverso il colostro, si modificano costantemente, adattandosi all'ambiente e agli agenti patogeni in esso presenti e un mese è il tempo necessario perché nuovi anticorpi vengano prodotti, proteggendo così il vostro puledro in maniera ottimale. La vostra fattrice avrà inoltre il tempo di adattarsi al nuovo ambiente, che percepirà come sicuro e familiare quando sarà il momento del parto.

8. La preparazione al parto

Già dalla fine del decimo mese di gravidanza compariranno nella vostra fattrice cambiamenti fisici che indicano che il suo corpo si sta preparando al parto.

E' questo il momento di occuparvi della preparazione del box in cui partorirà e di sistemare paddock e recinti che ospiteranno il puledro dopo la nascita, rendendoli confortevoli e sicuri. Il box dovrà essere ampio (6 metri x 5 è l'ideale) e dovrà essere riempito con un'enorme quantità di paglia di buona qualità, che faccia da morbido materasso. E' preferibile evitare la segatura, il truciolo o la torba in quanto piccoli frammenti potrebbero finire inalati dal puledro, ostruendone le vie respiratorie. I bordi dovranno essere rialzati lungo tutto il perimetro, formando una specie di nido, in modo da evitare che il puledro, nei primi goffi tentativi di alzarsi, vada a sbattere contro le pareti. Controllate che dai muri non fuoriescano oggetti appuntiti con i quali il piccolo potrebbe ferirsi e che non siano presenti fessure o buchi nei quali il piccolo potrebbe inavvertitamente incastrarsi. I nuovi nati sono curiosi per natura e, se esiste un luogo non sicuro nel loro ambiente, è proprio lì che andranno ad infilarsi. La porta deve essere solida e abbastanza alta, in modo da poter contenere le energie che il nuovo nato sfogherà ovunque nel giro di pochi giorni. Scegliete con cura il paddock o il recinto nel quale mamma e puledro soggiorneranno durante il giorno: l'ideale sarebbe un paddock confinante con il box, dal quale fattrice e puledro potranno entrare e uscire a piacimento. Se non avete questa possibilità dovrete scegliere un pascolo il più vicino possibile al box della vostra cavalla, in modo da non dover percorrere troppa strada con il puledro libero che, già dopo pochi giorni, si fermerà a curiosare ovunque invece che seguire la mamma. Liberate il percorso che dovrete quotidianamente percorrere da ogni oggetto potenzialmente pericoloso. Dovrete anche setacciare metro per metro il recinto che andrà ad ospitare madre e figlio, eliminando sassi di grosse dimensioni, buchi e dislivelli importanti. Prestate attenzione anche alla recinzione, adattando l'altezza dello steccato o dei fili elettrici all'altezza del puledro, che diversamente, potrebbe facilmente evadere, eludendo il controllo della madre e infilandosi in situazioni pericolose. Eliminate infine arbusti o piante ricche di spine nelle quali il piccolo potrebbe rimanere incastrato o ferirsi e assicuratevi che vi sia un angolo ombreggiato dove i due potranno rifugiarsi nelle ore più calde.

Circa un mese prima del lieto evento le mammelle della vostra fattrice si gonfieranno e diventeranno dure al tatto, la pancia scenderà verso il basso e la cavalla appesantita dal puledro ormai cresciuto, si muoverà molto meno quando la metterete al paddock e preferirà riposare all'ombra di un albero.

Qualche giorno prima del parto sui capezzoli appariranno dei tappi di cera, segno che il colostro è presente nelle mammelle, la groppa della vostra cavalla si modificherà, scendendo verso il basso e la vulva si allungherà, segno che i tessuti si stanno allungando per permettere l'uscita del puledro.

In questa fase, l'unica regola certa è... l'assenza di regole. Ho visto cavalle partorire senza aver avuto i tappi di cera sui capezzoli e altre averli per oltre 15 giorni. Nemmeno la durata della gravidanza è uguale per tutte le cavalle e varia tra i 320 e i 340 giorni, con una media stimata che si aggira intorno ai 330-335 giorni. La vostra fattrice si comporterà sicuramente nello stesso modo durante le gravidanze successive, ma fino a quando non avrà partorito la prima volta, non avrete la certezza matematica che il momento del lieto evento sia prossimo solo osservandola.

Esistono però alcuni mezzi ausiliari forniti dalla tecnologia che ci permetteranno di essere presenti al lieto evento.

Telecamera

Ne esistono in commercio alcune veramente economiche, posizionabili senza bisogno di collegamenti con lunghi fili, alle quali potrete collegarvi via server o app da computer o cellulare in qualsiasi momento. Posizionata in un punto strategico vi permetterà di avere sotto controllo la situazione e di monitorare i comportamenti della vostra fattrice senza disturbarla.

Birth alarm o foal allert

Si tratta di un dispositivo dotato di sensore che, applicato alla vulva della fattrice e collegato con il vostro cellulare, si attiva all'inizio della fase espulsiva del parto e vi chiama. E' piuttosto costoso e non vale la pena acquistarlo se non coprite diverse fattrici ogni anno, ma molti veterinari ne sono in possesso e ve lo noleggeranno a costi accessibilissimi.

L'utilizzo di questo dispositivo vi permetterà di non perdere nottate di sonno e di assistere al parto in maniera discreta, ma pronti ad intervenire in caso di necessità, mentre l'utilizzo della sola telecamera vi costringerà ad essere maggiormente vigili, col rischio di perdere qualche nottata di sonno giocando a carte nell'attesa che il vostro puledro si decida a nascere.

Analisi del calcio nel colostro

Anche questo semplice sistema potrebbe aiutarvi a stabilire con discreta precisione la data del parto: la concentrazione di calcio nel colostro aumenta infatti sensibilmente nelle 48 ore che precedono il lieto evento. Basterà mungere poche gocce del prezioso liquido e portarle in un laboratorio di analisi attrezzato; in poche ore saprete se la vostra cavalla partorirà entro le 48 ore oppure no.

Approfittate degli ultimi giorni di gravidanza per compiere sulla vostra fattrice tutte quelle operazioni che in seguito saranno più difficoltose da eseguire con un puledro che scorrazza libero vicino alla madre: una bella doccia per rinfrescarla nei giorni di caldo, una saponata e una sistemata alla coda, il lavaggio delle parti intime e delle mammelle. Preparate, acquistate e tenete a portata di mano i seguenti oggetti, che potrebbero servirvi durante il parto o nei momenti immediatamente successivi:

- due corde morbide con un nodo a cappio - utili se dovete aiutare la cavalla durante il parto

- guanti in lattice

- garze sterili

-disinfettante tipo Betadine o Clorexidina - per la disinfezione dell'ombelico del puledro

- biberon con tettarella morbida

Ora siete pronti! Non resta che aspettare il momento del lieto evento!

9. Il parto

Il parto avviene solitamente durante le ore notturne, tra le 22.00 e le 04.00 quando l'ambiente in scuderia è tranquillo e silenzioso, ma anche in questo caso le eccezioni non sono rare; se a proprio agio alcune fattrici partoriscono anche in paddock e in pieno giorno. Il puledro collabora attivamente alla sua nascita, muovendosi per posizionarsi correttamente nel canale del parto. La fattrice darà segni di nervosismo, si guarderà i fianchi e, con l'inizio delle prime contrazioni potrebbe iniziare a sudare e a raspare. E' importante non disturbarla in questa fase perché, se non si sente al sicuro la vostra cavalla potrebbe ancora bloccare il parto, ritardandolo fino a 48 ore o almeno fino a quando l'ambiente non sarà tornato tranquillo. La fase che precede l'espulsione dura al massimo un paio d'ore e alterna momenti di nervosismo a momenti in cui la fattrice è tranquilla e mangia. Questa fase termina con la rottura delle membrane: da questo momento in poi la cavalla non potrà più bloccare il parto. Si coricherà e si alzerà più volte per aiutare il puledro a posizionarsi e le contrazioni saranno più intense e ravvicinate. La fase espulsiva dura in media 30-40 minuti e, nel 90% dei casi, tutto procede senza che dobbiate intervenire.

E' però importante che monitoriate la situazione, pronti ad agire in caso di difficoltà.

Dopo la rottura delle membrane (che devono essere di colore azzurro - membrane di colore rosso indicano una rottura dei vasi e vi obbligano a intervenire, tirando velocemente fuori il puledro) vedrete comparire gli zoccoli anteriori del vostro puledro, che devono avere la suola rivolta verso il basso e devono essere uno più avanti dell'altro. La suola rivolta verso l'alto e la presenza di un solo zoccolo all'esterno del corpo materno indicano che il puledro è mal posizionato e richiedono una immedita chiamata al vostro veterinario, che dovrà intervenire prontamente.

Se invece il puledro è ben posizionato non vi resta che attendere qualche minuto per vedere fare capolino anche la testa. Ad ogni contrazione il puledro avanzerà di qualche centimetro fino ad arrivare alle spalle, che sono la parte più larga. Normalmente, con un paio di forti spinte la vostra fattrice riuscirà a farle passare e allora il più è fatto e il resto del corpo del puledro scivolerà fuori dolcemente.

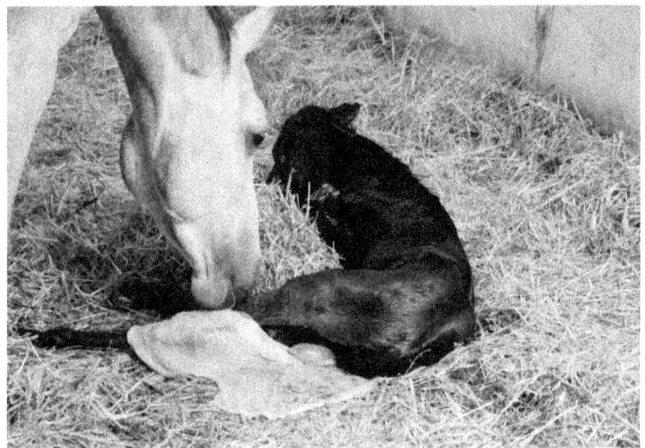

Se la vostra cavalla dovesse avere difficoltà, perché il puledro è grosso, è in questo momento che dovrete intervenire: legate le corde intorno ai pastorali del puledro e tirate assecondando le contrazioni della vostra cavalla.

Eccolo finalmente! E' nato!

La madre, ancora sdraiata, si volterà verso il nuovo nato ed emetterà nitriti di richiamo. Assicuratevi che le vie respiratorie del puledro siano libere da liquido amniotico e strofinate vigorosamente il corpo con la paglia, per asciugarlo e stimolare la circolazione. Questo è un primo, importante contatto che avete con il nuovo nato, che da subito vi percepirà come esseri facenti parte del suo ambiente.

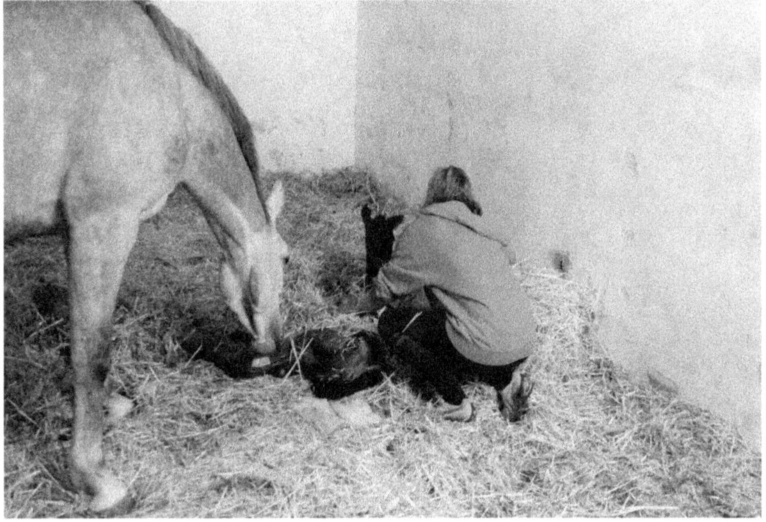

Nel frattempo la madre si sarà alzata, lacerando il cordone ombelicale, e avvicinata al piccolo, lo annuserà, lo leccherà. Permettete e incentivate se necessario questo primo importante contatto: serve a creare un legame importante tra madre e figlio e voi non dovete essere d'intralcio. Mettetevi in un angolo del box e osservate. Normalmente l'istinto materno, stimolato anche dalla produzione ormonale, è innato in ogni cavalla ma se la vostra fattrice dovesse mostrare segni di aggressività o indifferenza verso il nuovo nato intervenite immediatamente. Mettetele la capezza per controllarla e preservare l'incolumità del nuovo nato e, con pazienza, rassicuratela e cercate di avvicinarla al puledro. Alcune primipare hanno bisogno di qualche minuto per rendersi conto di cosa è successo e nell'arco di poco tempo iniziano a mostrare interesse e istinto di protezione verso il loro piccolo.

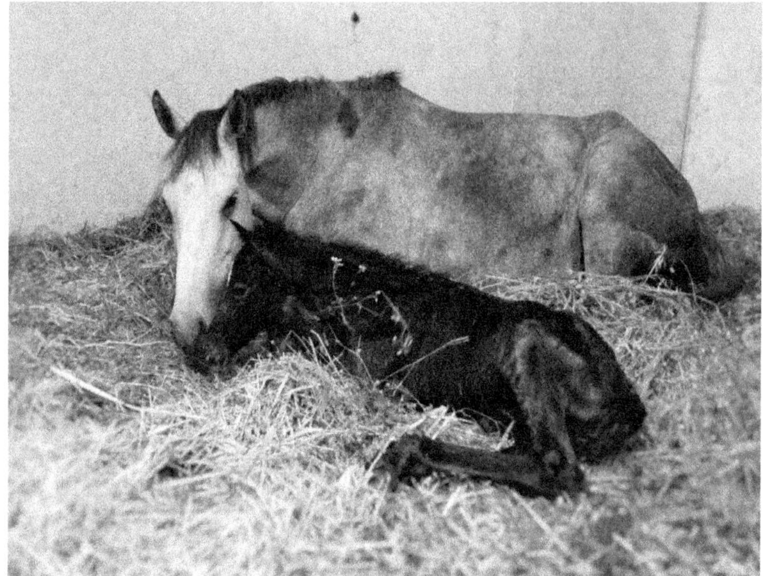

Dopo la prima presa di contatto della madre con il puledro il parto entrerà nell'ultima fase, che si concluderà con l'espulsione della placenta. Le contrazioni ricominceranno, anche se in maniera più lieve e la cavalla potrebbe sdraiarsi nuovamente più volte. La placenta deve essere espulsa entro le due ore seguenti il parto in quanto la sua ritenzione potrebbe causare nella fattrice infezioni o laminite: se questo non avviene allertate il veterinario, che provvederà a incentivare l'espulsione stimolando le contrazioni con la somministrazione di ossitocina.

Raccogliete la placenta e mettetela da parte. La mostretete al vostro veterinario, che ne valuterà l'integrità, il peso e la consistenza quando verrà a visitare il puledro.

Rilassatevi e respirate... la parte più difficile è stata fatta.

10. Le prime ore di vita del puledro

Già dopo pochi minuti dalla nascita il puledro si metterà in posizione sternale e tenterà ripetutamente, in maniera goffa, di alzarsi. Le lunghe gambe gli saranno d'intralcio e dovrà sperimentare prima di capire quale posizione assumere per riuscire ad alzarsi. Lasciatelo fare, limitandovi ad intervenire soltanto se rischia di andare a sbattere contro le pareti del box. La madre lo seguirà passo passo, incoraggiandolo. Il puledro alternerà tentativi di mettersi in piedi a momenti in cui riposerà, ricuperando le forze.

Approfittate del momento in cui il piccolo è ancora sdraiato per effettuare una prima accurata disinfezione dell'ombelico. Questa operazione dovrà essere ripetura almeno due o tre volte al giorno fino al distacco del monconcino o fino a completa chiusura della ferita. Siate maniacali con la pulizia del box: il piccolo passerà nella sua prima settimana di vita moltissimo tempo sdraiato e l'apertura dell'ombelico potrebbe facilmente infettarsi.

Se dopo un'ora il vostro piccolo non sarà riuscito ad alzarsi dovrete aiutarlo, perché uno sforzo prolungato potrebbe stancarlo troppo e togliergli le energie ancora necessarie per riuscire a fare la prima poppata. Allungategli entrambi gli anteriori e sollevatelo prima davanti e poi dalla parte della groppa, sostenendolo finché non si mette in equilibrio.

Delicatamente accompagnatelo verso le mammelle della madre: l'istinto di suzione è molto forte nelle prime ore ma molti puledri non hanno la minima idea di dove succhiare e si attaccano ovunque tranne che al posto giusto. Potrebbe esservi d'aiuto in questa fase incapezzare la madre, in modo che rimanga ferma e vi permetta di accompagnare delicatamente il puledro verso le mammelle. Non indirizzatelo con la forza verso i poteriori della madre - la reazione naturale sarebbe quella di cercare di indietreggiare - ma limitatevi ad avvolgerlo con una mano intorno alle cosce e indicategli la strada sostenendogli il muso da sotto. Con un po' di pazienza otterrete il risultato voluto e, una volta attaccato, il vostro puledro avrà ottenuto la sua prima, grande e faticosa conquista: il cibo.

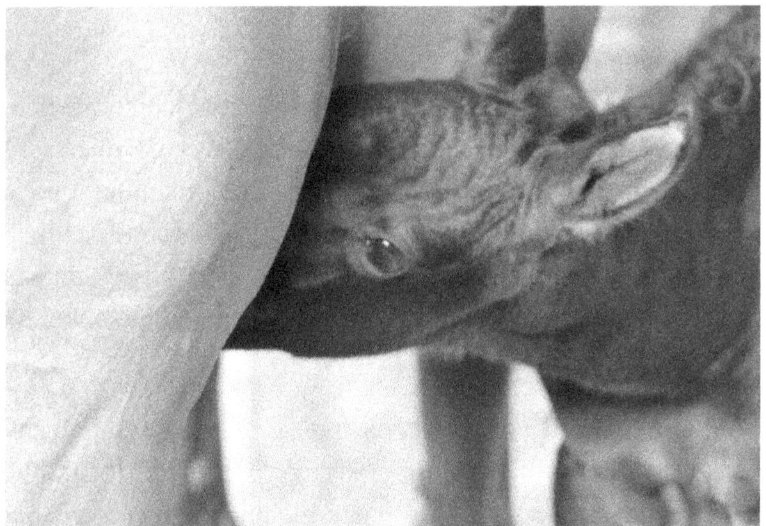

Noterete che le sue energie dopo la prima poppata aumenteranno esponenzialmente: sarà più solido sulle gambe e potrebbe addirittura accennare un galoppo e una sgroppata. Dopo la prima poppata probabilmente crollerà in un sonno profondo, per poi risvegliarsi, più affamato di prima, nel giro di una ventina di minuti.

Forse avrà bisogno ancora di un piccolo aiuto per ritrovare la "strada del latte" nell'ora che segue, ma poi non avrà più bisogno del vostro aiuto per nutrirsi.

Se, per qualche motivo, il puledro fosse impedito ad attaccarsi alla mamma nelle due o tre ore dopo la nascita vi converrà mungere la vostra fattrice, e raccogliere il colostro nel biberon precedentemente sterilizzato, che andrà conservato in frigorifero. Contiene anticorpi che saranno l'unica difesa del vostro puledro fino al quarto mese di vita ed è prezioso come l'oro. Valuterete in seguito insieme al vostro veterinario tempi e modalità di somministrazione.

Il vostro veterinario andrà allertato in ogni caso e verrà entro le 24 ore a visitare fattrice e puledro e a somministrare al piccolo un siero antitetanico.

Con l'inizio dell' ingestione del latte anche l'intestino del piccolo inizierà a lavorare ed in breve tempo dovrebbe avvenire la prima evacuazione: se il meconio è morbido ed il puledro non deve fare troppi sforzi per espellerlo il vostro compito per il momento è terminato; potete rilassarvi e allontanarvi per un po' lasciando soli madre e figlio, che approfitteranno del momento di tranquillità per riposare e rinsaldare il loro legame.

Se, al contrario, il puledro, pur spingendo vigorosamente, non riesce a espellere che una o due palline di consistenza solida e mostra alzando la coda lo stimolo ad evacuare parlatene con il vostro veterinario che molto probabilmente in occasione della sua visita, effettuerà un'esplorazione rettare e rimuoverà il meconio, a volte duro come sassi, che ostruisce il passaggio e che potrebbe creare mal di pancia nel puledro e coliche da ostruzione.

Vi rimane solo da lavare per bene la vostra fattrice con del sapone disinfettante, per ripulirla dal sangue, e somministrarle un vermifugo adatto a cavalle in lattazione. I suoi principi attivi entreranno in circolo e, attraverso il latte verranno assunti anche dal puledro. Una leggenda popolare vuole che la sua somministrazione il giorno del parto eviti, o almeno limiti la diarrea nel puledro, fisiologica tra il decimo e il quindicesimo giorno di vita, che coincide con il primo calore post parto della madre. In ogni caso sarà importante che la madre sia sverminata quando il piccolo inizierà, per abituare l'apparato digerente alla digestione di alimenti solidi, a mangiare le sue fiande.

Controllate infine che il puledro riesca ad urinare entro le 24 ore dalla nascita.

Basta, la vostra prima, intensa ed emozionante giornata con il vostro puledro è finita e potete finalmente andare a riposare. A proposito, avete già scelto il suo nome?

Nei prossimi giorni dovrete inoltre denunciare la nascita del puledro alle autorità competenti e predisporre tutta la documentazione per l'iscrizione al libro genealogico.

11. La gestione della fattrice e del puledro

Se il vostro puledro è nato sano e senza particolari problemi di lassità tendinea in teoria a 24 ore dalla nascita potrebbe già fare la sua prima uscita al paddock. Esistono per la verità due scuole di pensiero sul momento della prima uscita del nuovo nato: la prima prevede che madre e figlio soggiornino nel box per i primi otto giorni dopo il parto, mentre la seconda favorisce ed incentiva la libertà e prevede che fattrice e puledro passino del tempo all'aperto il prima possibile. Personalmente, se non esistono controindicazioni di tipo veterinario, preferisco applicare la seconda. Provate a gestire una fattrice in buona salute e abituata alla libertà quotidiana che è rimasta segregata in un box per una settimana! Anche i puledri, a cinque o sei ore dalla nascita iniziano ad essere un concentrato di energie che difficilmente riescono a essere sfogate tra le pareti del box senza pericoli per la loro incolumità; meglio favorire il movimento in spazi più ampi - e quindi più sicuri - e stabilire da subito ritmi quotidiani a cui il nuovo nato si abituerà prima di diventare più forte e più difficile da contenere.

Il primo assaggio di libertà richiede la presenza di due persone: la prima condurrà la madre alla longhina e la seconda provvederà a spingere delicatamente il puledro qualora facesse resistenza nell'abbandonare quel luogo ormai familiare che è il box per l'ignoto. Non allontanate troppo la fattrice dal piccolo in quanto potrebbe agitarsi e "dare di matto". Dopo il primo momento di incertezza il piccolo si attaccherà al fianco della madre in cerca di conforto e protezione e la seguirà passo passo. Permettete alla vostra cavalla di brucare dell'erba, ma continuate a tenerla alla longhina finché non sarà tranquilla; il puledro, anche se libero, non si allontanerà mai troppo da lei. Dopo qualche minuto, se madre e figlio sono tranquilli, potete liberarla. Rimanete nei paraggi e osservate: il loro comportamento vi dirà molte cose sul tipo di mamma che è la vostra fattrice e sul carattere del puledro. Alcuni, timidi e ancora insicuri non si allontaneranno di un centimetro dal fianco materno mentre altri, più intraprendenti, andranno alla scoperta del nuovo ambiente obbligando la madre a seguirli passo passo.

Guardate la vostra cavalla con attenzione; colei della quale conoscevate tutto fino al momento del parto potrebbe riservarvi delle sorprese. La maternità l'ha sicuramente cambiata e, oltre che bello ed emozionante, sarà importante capire da subito se è una madre permissiva o autoritaria, apprensiva o rilassata, perché il suo modo di relazionarsi con il puledro determinerà inevitabilmente il modo in cui il puledro si relazionerà con il mondo e voi potete e dovrete in alcuni casi assumere il ruolo di educatori già dai primi giorni di vita del nuovo nato.

La prima uscita al paddock non deve essere lunga: tutto l'ambiente circostante costituisce una novità per il puledro che, nell'arco di meno di un'ora sarà stanchissimo sia fisicamente che mentalmente. Potete tranquillamente riportare madre e figlio nel box, riservandovi eventualmente di riportarli nuovamente fuori per un po' nel corso della giornata per poi gradualmente aumentare i tempi di permanenza all'aperto nei giorni successivi.

Dopo un primo periodo nel quale madre e figlio soggiorneranno da soli al paddock, se la vostra cavalla era precedentemente inserita in un branco o aveva comunque un compagno, potrete tentare di reinserirla insieme ai suoi vecchi compagni. Questa operazione va però effettuata gradualmente e con molta attenzione; le fattrici con puledro al piede possono diventare aggressive e molto pericolose verso gli altri cavalli a causa dell'istinto di protezione verso il nuovo nato. Conviene in un primo momento far soggiornare i cavalli in paddock vicini e osservare le reazioni della vostra cavalla; sarà lei a dirvi quando è venuto il momento di riunire i membri del branco. In ogni caso un mini branco che comprenda se possibile la presenza di un'altra fattrice con puledro potrebbe essere molto educativo per il vostro piccolo, che imparerebbe a relazionarsi all'interno di esso rispettando le gerarchie e avrebbe eventualmente un compagno di giochi della sua età.

Anche nella gestione delle ore di libertà è importante che abbiate le idee chiare sin dall'inizio, in quanto avete diverse possibilità e in base alla gestione che adotterete il vostro puledro crescerà in modo diverso. In Germania, dove gli allevatori hanno a disposizione ampi spazi da destinare a pascoli, i cavalli vivono in libertà e in branco per tutto l'anno; i puledri vengono educati dal branco e il rapporto con l'essere umano è limitato al minimo fino ai tre anni, quando inizia il lavoro di doma. Personalmente per i miei cavalli preferisco una gestione leggermente diversa. Dal momento che allevo puledri che diventeranno un giorno cavalli sportivi, costretti comunque a passare parte del tempo al chiuso, preferisco adottare una gestione che li abitui sin da subito all'alternanza di momenti di libertà e di momenti di stazionamento in box. Il momento della doma, che prevede comunque che i cavalli vengano gestiti in una scuderia, sarà meno traumatico perché non verranno modificate le abitudini apprese e consolidate già in tenera età. I momenti di permanenza in box potranno inoltre essere utilizzati per stabilire un contatto e consolidare il rapporto con l'Essere umano, che sarà presente quotidianamente nella sua vita di cavallo adulto. Un puledro maneggiato quotidianamente in maniera corretta sin dalla tenera età stabilirà con l'Uomo un rapporto di fiducia e complicità che renderà il momento della doma e dell'addestramento solo una nuova tappa di un percorso di apprendimento giocoso che inizia dal primo giorno di vita del puledro.

Via libera quindi alla libertà, al sole, all'erba, alle corse sfrenate e al branco durante il giorno, ma la sera si rientra in box e si interagisce con colui con il quale il puledro passerà gran parte della sua vita: l'Uomo.

Già a partire dalla fine della seconda settimana di vita, quando i primi denti saranno spuntati, il vostro puledro potrebbe mostrare interesse verso gli alimenti solidi. Questo è il momento buono per iniziare a fargli assaggiare un mangime specifico per puledri. Ne basterà meno di un pugno all'inizio, per arrivare gradualmente al mezzo chilo giornaliero, diviso in due o tre razioni, intorno alla fine del terzo mese di vita. Sarebbe utile, almeno pre le prime volte, che siate voi stessi a dar da mangiare al puledro nello stesso momento in cui la vostra fattrice riceverà la sua razione di mangime; procuratevi una ciotola e allontanate di qualche metro il puledro dalla madre, portandolo con voi dalla parte opposta del box. Questo piccolo accorgimento vi permetterà di controllare che ognuno dei due si nutra con il proprio alimento specifico e insegnerà al puledro ad associarvi al cibo, cosa questa che rafforzerà il suo rapporto con voi e permetterà alla vostra fattrice di nutrirsi in santa pace. Non commettete l'errore di sottovalutare l'importanza di una alimentazione specifica sin dall'inizio: la sua somministrazione precoce già in tenera età garantisce al puledro l'apporto di tutti i nutrienti necessari alla crescita e aiuta la vostra fattrice ad arrivare alla fine del periodo di allattamento in buone condizioni fisiche.

Tenete d'occhio la vostra cavalla; la produzione di latte, che arriva al culmine tra il terzo e il quarto mese di vita del puledro, per poi gradualmente diminuire, richiede un gran dispendio di energie. Somministrate fieno a volontà e, se notate un dimagrimento eccessivo, adattate la quantità di mangime alle sue esigenze.

Prestate attenzione alla disinfezione quotidiana dell'ombelico del puledro e alla pulizia della lettiera.

Intorno al quarto mese di vita il piccolo dovrà essere vaccinato, sverminato e, prima ancora, dovrà essergli applicato il microchip.

12. Educazione del puledro

Al momento della nascita il puledro è come un libro bianco, vuoto ma nello stesso tempo pieno di infinite possibilità. Ciò che diventerà nell'età adulta sarà il risultato della sua predisposizione genetica, delle influenze ambientali e delle esperienze acquisite.

Vi rendete conto dell'enorme responsabilità che questo comporta? Sarete proprio voi gli autori di questo libro e delle informazioni in esso racchiuse. Vi state prendendo l'onere, ma anche l'infinita gioia di plasmare e modellare una nuova creatura e in questo "viaggio" insieme al vostro puledro è racchiuso, per me, tutto il senso di allevare "in proprio" i miei futuri cavalli.

Cavalli con le potenzialità fisiche per arrivare ai massimi livelli ce ne sono moltissimi, ma solo una piccola parte di essi arriva effettivamente ai vertici nello sport; la differenza la fa sì il cavaliere, ma soprattutto la "testa", e noi, nella mia scuderia lavoriamo proprio su quella creando situazioni ed esperienze che modellano il carattere e plasmano la volontà del futuro cavallo già dal primo giorno di vita.

L'Essere umano, con il quale il puledro avrà a che fare ogni giorno della sua vita, deve diventare da subito un amico, alleato e compagno di giochi pur conservando il ruolo di leader indiscusso. Il futuro cavallo adulto, le sue attitudini, il suo modo di affrontare le situazioni che gli si presenteranno, sarà il risultato delle esperienze fatte nei primi tre anni, ma soprattutto nei primi tre mesi di vita da puledro.

Si chiama imprinting e altro non è che un metodo per condizionare il modo in cui il cavallo percepisce la realtà circostante; richiederà da parte vostra impegno, dedizione, spirito di osservazione, una grande capacità di mettervi in questione quotidianamente e molta attenzione alle risposte e ai segnali che il puledro vi darà, ma per poterlo attuare avete bisogno che il vostro puledro abbia totale fiducia in voi.

Il tempo che avete passato nel box subito dopo la sua nascita è un primo fondamentale mattoncino posto alla base del rapporto che intendete creare con il vostro cucciolo: lo avete toccato, medicato, aiutato ad alzarsi e nutrirsi. Fate già parte del suo mondo, e già associa la vostra persona a esperienze positive.

Nei giorni successivi alla nascita dovrete lavorare per consolidare la fiducia e creare nel vostro puledro il desiderio di interagire con voi. Il suo carattere, curioso e socievole o timido e ombroso, e l'atteggiamento che la madre ha nei vostri confronti potranno esservi di aiuto o d'ostacolo e renderanno il cammino più semplice o più impegnativo. Il nuovo nato ha come primo e importante punto di riferimento la madre e tenderà, per istinto di imitazione, a replicarne gli atteggiamenti. Se la vostra fattrice accoglie il vostro arrivo in scuderia con sonori nitriti venendovi incontro, in pochi giorni il puledro si comporterà nello stesso modo, salutandovi con la gioia e l'entusiasmo che si riservano ad un amico.

Dal momento che il puledro apprende per istinto di imitazione, non dovrete far altro che imitare a vostra volta i comportamenti che la madre, punto di riferimento e leader indiscussa, adotta nei suoi confronti per assicurarvi amore, rispetto, cooperazione e fiducia incondizionata. Osservate come madre e figlio comunicano fra di loro: noterete che utilizzano il linguaggio del corpo, sia a livello di contatto fisico che rafforza il legame, sia a livello di segnali che indicano irritazione, calma, curiosità, apprensione.

La vostra fattrice infatti spianerà le orecchie, agiterà la coda e indietreggerà verso il figlio quando vorrà comunicargli che deve allontanarsi da lei, o aprirà la bocca, mostrando i denti o addirittura lo mordicchierà quando vorrà comunicargli che ha "superato il limite". Lo spingerà con il corpo lontano dai potenziali pericoli, gli andrà vicino per infondergli sicurezza e passerà molto tempo a "coccolarlo" con grattini sul garrese e sulla groppa.

Ecco, non dovete fare che questo, all'inizio.

Toccate, accarezzate e grattate, prima delicatamente, poi con maggior vigore il vostro puledro nei punti in cui mostra di preferire il contatto, per poi dirigervi anche verso le zone del corpo nelle quali mostra di gradire meno il vostro tocco. Fatelo ogni volta che ne avete occasione: il vostro tocco insegnerà al piccolo ad essere toccato ovunque senza timore, desensibilizzerà le parti in cui non ama essere sfiorato, lo preparerà per essere maneggiato e soprattutto gli insegnerà ad associare la vostra persona a sensazioni positive, piacevoli e rassicuranti al punto che in pochissimo tempo vi correrà incontro non appena vi vedrà arrivare e solleciterà le vostre attenzioni.

Allo stesso modo dovrete però da subito stabilire delle regole di buona convivenza, tenendo presente che alcuni atteggiamenti che ora potrebbero lusingarvi o divertirvi, tra qualche anno, quando il vostro puledro peserà intorno alla mezza tonnellata, potrebbero diventare fastidiosi se non addirittura pericolosi per la vostra incolumità.

I miei puledri, ad esempio, amano a tal punto il contatto fisico che provano a saltarci in braccio o addirittura a sdraiarsi sopra di noi. In questi casi siamo molto fermi: il piccolino non deve assolutamente invadere i nostri spazi e deve avvicinarsi con calma e "chiedendo il permesso". Ogni azione implica da parte nostra una reazione: se il puledro si avvicina con calma e lentamente, rimanendo a una trentina di centimetri di distanza e aspettando la nostra autorizzazione ad avvicinarsi ulteriormente viene immediatamente premiato con coccole, grattini e gratificazioni verbali. Se ci viene addosso velocemente e con irruenza, appoggiandosi a noi con tutto il peso del corpo e spinge, viene a sua volta spinto via. La prima volta gentilmente, la seconda con più decisione, la terza lo obblighiamo a fare alcuni passi indietro, e infine, se ancora dimostra di non voler capire, la quarta volta viene allontanato imitando il comportamento della madre: gli giriamo la schiena e indietreggiamo velocemente verso di lui, come fa la madre quando simula un calcio per allontanarlo, e lo chiudiamo in un angolo del box. Non appena dimostra di aver capito cessiamo l'azione e rimaniamo un attimo immobili, permettendo al piccolo così di ragionare su quanto accaduto. Applichiamo in pratica lo stesso sistema a quattro fasi che i cavalli selvaggi adottano per stabilire le gerarchie nel branco ed educare la prole.

1. Ti chiedo di non venirmi addosso

2. Non venirmi addosso

3. Adesso mi arrabbio, ti ripeto di non venirmi addosso

4. Te l'avevo detto di non venirmi addosso

Siate sempre coerenti, se un determinato comportamento non lo volete, non dovete permetterlo MAI. In breve tempo non avrete più nessun bisogno di arrivare alla fase 4, già alla fase 1 o 2 il puledro vi prenderà sul serio e si adatterà di buon grado a quanto gli chiedete. Appena esegue la richiesta, premiatelo con tante carezze e parole dette in tono basso e cadenza lunga.

In questo ruolo di educatore la vostra fattrice, se ferma e autoritaria con il figlio, vi darà una grande mano, perché parte dell'educazione gliela impartirà proprio lei. Può però capitare che alcune cavalle, giovani o troppo buone d'animo, non riescano ad imporsi né mettere limiti al figlio e subiscano senza reagire angherie e rudi giochi. Dovrete essere voi, in questo caso, a sopperire alle sue mancanze mettendo regole ancor più chiare da subito al vostro rapporto con il puledro.

Se riuscirete ad essere autorevoli senza essere autoritari, giusti nelle correzioni, protettivi e rassicuranti quando qualcosa lo spaventa e prodighi di premi, il vostro puledro stabilirà con voi un rapporto speciale e arriverà in pochi giorni a preferire la vostra compagnia persino al latte materno, che abbandonerà immediatamente, per venirvi incontro appena farete capolino nel box.

Diciamo che con quindici giorni di impegno quotidiano avrete posto solide basi al rapporto con il vostro puledro, e proprio in virtù della fiducia che ora ha in voi potrete proporgli nuove attività, che lui accoglierà con curiosità e spirito positivo.

Potete per esempio presentargli la capezza, o provare a farvi dare i piedi. Non abbiate fretta di arrivare al risultato, state cominciando con largo anticipo e avete tanto tempo davanti a voi. L'approccio alle novità deve rimanere per il vostro puledro un'esperienza positiva e giocosa, che rispetta i suoi tempi di apprendimento senza forzature.

Eseguite queste operazioni innanzitutto sulla madre - ma sempre e solo se la vostre fattrice le esegue in maniera perfetta -, in modo che lui possa osservare e imparare da lei.

Sarebbe completamente inutile, oltre che controproducente, mostrare al puledro come pulite gli zoccoli posteriori alla madre, se lei prova continuamente a scalciare durante l'operazione, perché inevitabilmente, per istinto di imitazione, farà lo stesso quando proverete a prendere i suoi.

Una fattrice brava e collaborativa, serena durante le operazioni di pulizia e gestione quotidiana, solamente con l'esempio insegnerà al figlio ad esserlo altrettanto.

Permettete al vostro puledro di venire a curiosare e ad infilare il muso nella vostra cassetta delle spazzole; il piccolo scopre il mondo e analizza nuovi oggetti tastandone la consistenza innanzitutto attraverso il muso e le vibrisse. Incentivate e premiate sempre la sua curiosità pur vegliando agli eventuali pericoli che potrebbero spaventarlo e trasformare un'esperienza positiva in traumatica (se la cassetta delle spazzole si rovescia facendo rumore il vostro cucciolo potrebbe spaventarsi e sarà in seguito riluttante ad avvicinarsi di nuovo). Dovete insomma incentivare, ma allo stesso tempo rendere sicura e non traumatica la scoperta del mondo del vostro puledro.

Quando il piccolo avrà osservato le operazioni che avete effettuato sulla madre potrete provare a condurle anche su di lui, facendo attenzione a renderle il più facili possibili. Ad esempio, se desiderate prendergli i piedi, prima di effettuare la richiesta dovete assicurarvi che sia in equilibrio, possibilmente vicino alla mamma o ad una parete del box, che gli darà la sensazione di essere "tenuto". La richiesta deve essere gentile ma ferma e in caso di reazione positiva deve cessare immediatamente ed essere prontamente seguita dal premio, che come sempre consiste in coccole e grattini. Solo con il tempo e l'abitudine potrete man mano prolungare il tempo della richiesta. In pratica, le prime volte chiederete al vostro puledro di darvi un anteriore, ed appena lo solleverà lo appoggerete nuovamente delicatamente a terra. Solo in seguito potrete tenerlo sollevato per qualche secondo, stando attenti a cessare l'operazione almeno un secondo prima che il puledro inizi a tentare di appoggiarlo a terra. Tenete presente che il tempo in cui un puledro riesce a mantenere l'attenzione e la concentrazione su una nuova attività è di un paio di minuti, dopodiché ogni azione che si prolunga oltre questo lasso di tempo diventa fonte di stress.

Prendete quindi tutti e quattro i piedi, premiatelo e lasciatelo tranquillo.

Lo stesso identico approccio deve avvenire con la capezza. Dopo aver visto la madre indossarla più volte con tranquillità potrete presentargli la sua, lasciando che la esplori e ne valuti con il muso la consistenza. Proverete poi ad infilarla sul naso, per toglierla subito dopo, ripetendo l'operazione diverse volte. Quando il vostro puledro rimarrà immobile potrete fare il passo successivo e passarla dietro la nuca, senza agganciarla. Liberatelo immediatamente al minimo accenno di reazione. Dovete dargli la sensazione che se ne può andare se prova fastidio e vedrete che prontamente tornerà e sceglierà di rimanere. Senza costrizione non esiste ribellione e voi dovete operare sempre secondo questo principio, tenendo presente che in natura il vostro puledro è una preda, e che come tale si comporterà anche nelle situazioni quotidiane che lo intimoriscono o infastidiscono. Assecondatelo nel suo istinto di fuga e vedrete che in men che non si dica la curiosità e il desiderio di interagire con voi sarà più forte e lo porterà nuovamente vicino a voi. Sarà lui a dirvi se è pronto per farsi agganciare la capezza, operazione che nel migliore dei casi richiede qualche secondo. Quando rimane immobile e in attesa potrete agire, magari aiutati da una seconda persona che gli gratterà il garrese, distraendolo da quello che sta avvenendo intorno alla sua testa e permettendogli di associare la capezza a sensazioni positive. Quando la capezza sarà chiusa liberatelo, permettetegli magari anche di esternare il suo disappunto e appena si calma e torna verso di voi toglietegliela. Il puledro deve capire che, quanto prima si calma, tanto prima la sensazione di fastidio cessa. Non lasciatelo incustodito in box o al paddock con la capezza, potrebbe ferirsi seriamente. L'importante è che si abitui a farsela mettere e togliere.

Il passo successivo consiste nell'agganciare la longhina alla capezza e nel chiedere al puledro di seguirci. Potete farlo nel box, mentre la madre è occupata a mangiare il fieno o direttamente al paddock, ma solo quando il puledro avrà già scaricato le energie in eccesso. Mettetegli la capezza, fissate la longhina e chiedetegli di affiancarvi e fare qualche passo, girando intorno alla madre. Non dovrebbe essere difficile dal momento che, grazie al rapporto che avete instaurato con lui, il puledro sarà desideroso di stare con voi e di seguirvi. Due o tre passi sono sufficienti all'inizio, poi vi fermate e lo premiate abbondantemente. Ripetete la richiesta, appena la esegue lo fermate e lo premiate nuovamente. Questo è il momento di iniziare ad impartire i primi comandi vocali: la raganella per partire e "ohoo!" per richiedere l'alt. Sarete sorpresi di vedere come il vostro cucciolo risponderà in fretta alle vostre sollecitazioni vocali. L'esercizio deve essere breve e dovrete sempre essere voi a porvi fine prima che il puledro manifesti perdita di attenzione e/o segni di difesa, ma ripetuto quotidianamente. Noterete che il piccolo vi seguirà sempre più volentieri e che il suo passo sarà meno incerto e a quel punto potrete gradualmente aumentare il raggio del cerchio che percorrete con lui intorno alla madre. Questo esercizio gli insegnerà a rimanere al vostro fianco e farà di voi il suo punto di riferimento quando inizierete a portarlo al paddock attaccato a capezza e longhina.

Con i miei puledri cerco di effettuare precocemente tale operazione, in quanto nell'arco di tre mesi o anche meno, smettono di seguire la madre passo passo e, se lasciati liberi durante gli spostamenti dentro e fuori dal paddock, iniziano a scorrazzare a destra e sinistra allontanandosi anche di parecchie decine di metri, correndo il rischio di mettersi nei guai e di farsi male. Insegnando loro invece precocemente a seguire l'Essere umano senza dare in escandescenze si evita di dover ingaggiare con loro un incontro di lotta libera quando saranno più forti e meno dipendenti dalla presenza materna. Le prime volte che accompagnerete il vostro piccolo al paddock con capezza e longhina, state molto vicini alla madre, che farà da guida e punto di riferimento. Se il puledro si ferma, avvolgetelo con una mano intorno alle cosce e spingetelo in avanti, come farebbe la madre per farlo avanzare. Se si mostra timoroso nel passare accanto ad un oggetto nuovo rassicuratelo e non arrabbiatevi se vi viene contro con il corpo, vi sta dando una dimostrazione di grande fiducia; farebbe esattamente la stessa cosa con la madre, alla quale si avvicina il più possibile alla ricerca di protezione. Appoggiate una mano, o il braccio sul suo collo per fargli sentire la vostra vicinanza e vedrete che ogni paura scomparirà. Utilizzate sempre i grattini sul garrese per rassicurarlo, premiarlo e fargli associare le nuove esperienze a sensazioni rassicuranti e positive. Se correttamente stimolato e gratificato quando reagisce positivamente alle vostre sollecitazioni il vostro puledro ben presto potrebbe essere invogliato a fare di più e potreste stupirvi nel vedere che ben presto vorrà uscire dal box prima della madre per andare al paddock. Lasciatelo fare, sollecitatelo e incoraggiatelo vocalmente e premiatelo con enfasi e abbondantemente anche quando, dopo pochi passi, rallenterà per rimettersi dietro alla madre. Vedrete che, gratificato dai vostri apprezzamenti e rassicurato dalla vostra presenza, giorno dopo giorno la distanza che percorrerà davanti alla madre aumenterà e voi, praticando il principio educativo del "rinforzo positivo", non solo avrete insegnato al vostro piccolo a fidarsi di voi, ma avete posto le basi per creare un cavallo capace prendere iniziative e desideroso di assecondare i vostri desideri.

Ogni processo di apprendimento deve essere graduale, avvenire per step e deve fornire al puledro la possibilità di sottrarsi momentaneamente se intimorito o sotto pressione. Se permetterete al vostro piccolo di manifestare un eventuale segno di disagio avrete attivato la comunicazione con lui e sarà proprio lui a farvi capire se gli state chiedendo troppo o troppo velocemente ed è quindi il momento di fermarsi e di fare un passo indietro.

L'intruduzione di un nuovo oggetto nel suo ambiente o la metabolizzazione di una nuova esperienza dovrebbe se possibile avvenire sempre secondo uno schema preciso che prevede:

1. L'osservazione della madre

2. la presa di contatto con il nuovo oggetto attraverso l'esplorazione

3. la divisione dell'esperienza stessa in varie fasi

4. L'esecuzione dell'esperienza nella sua totalità

Esempio:

Ho l'abitudine per i miei puledri, che diventeranno nell'età adulta cavalli da salto ostacoli, di introdurre nel paddock oggetti che incontreranno spesso nel corso della loro carriera agonistica, e che rappresentano per molti cavalli atleti un problema. In particolare utilizzo il vecchio fondo azzurro di una piscina in gomma, per abituarli alla presenza del fosso/riviera.

Permetto innanzitutto al puledro in libertà di osservare da lontano il nuovo oggetto presente nel suo ambiente lasciando alla madre il compito di incoraggiarlo ad avvicinarsi.

La curiosità avrà presto il sopravvento e nel giro di pochi minuti il piccolo andrà a testare con la bocca la consistenza del telo. Gli lascio il tempo di prendere confidenza con il telo, che toccherò, sposterò e muoverò ed in seguito lo stimolo a passarci sopra,utilizzando eventualmente la madre alla longhina come esempio. L'esperienza è da considerarsi metabilizzata quando il piccolo non mostrerà più alcuna reazione di fuga o paura in presenza di movimenti o rumori del telo e ci camminerà sopra con passo disinvolto e sicuro.

Normalmente i miei puledri fanno molto di più, lo prendono in bocca, lo sventolano e ci dormono addirittura sopra, utilizzandolo come cuscino, segno che la nuova esperienza è stata metabolizzata bene e che il telo è ormai una presenza positiva nella loro quotidianità.

Via libera alla fantasia, dunque! Introducete nell'ambiente del vostro puledro tutto ciò che ritenete sia utile in futuro, creategli un parco giochi sicuro e privo di pericoli che gli permetta di fare esperienze. Non saranno però gli oggetti, ma il modo in cui permetterete al vostro puledro di fare esperienze, a plasmare e modellare il suo carattere, creando un individuo sicuro di sé, collaborativo, aperto alle novità e vincente.

Permettete al vostro piccolo di partecipare attivamente alla vita di scuderia: maneggiate gli altri cavalli, girateli alla longhina e montateli in sua presenza. Non avete idea di quante cose imparerà il vostro puledro semplicemente osservando i suoi simili! Il mio primo puledro, impossibilitato ad uscire al paddock da giorni a causa delle cattive condizioni metereologiche,è stato messo in tondino per la prima volta all'età di un anno per permettergli di sgranchirsi. Grande è stata la nostra sorpresa nel constatare che girava ad entrambe le mani, eseguendo i comandi vocali a passo, trotto e galoppo come se lo avesse fatto per tutta la vita. Aveva imparato osservando attentamente dal suo paddock, attiguo al tondino, i cavalli lavorare alla corda per mesi e lo sapeva fare come - e meglio - degli adulti.

Ovviamente, nello stesso modo, i puledri potrebbero metabolizzare anche esperienze negative, o raggiungere attraverso l'osservazione dei propri simili la convinzione che una determinata cosa sia pericolosa o negativa. Assicuratevi quindi che dal suo box o dal paddock possa osservare solo esperienze positive e cavalli equilibrati che interagiscono e lavorano in armonia con l'uomo.

Date, infine, molta importanza alla voce e non vergognatevi a parlare con il vostro puledro. La stessa parola ripetuta con il medesimo tono di voce verrà memorizzata velocemente e associata ad una vostra richiesta. Il vostro tono calmo e suadente lo tranquillizzerà quando avrà paura e il vostro incitamento lo stimolerà fino ad esaltarlo. Premiatelo, oltre che con i grattini, anche con apprezzamenti vocali; le vostre parole saranno carezze per l'anima.

13. Svezzamento

In natura, allo stato brado, già durante il primo calore dopo il parto, la fattrice viene fecondata nuovamente dallo stallone e una nuova gravidanza si instaura. Con l'avanzare della stessa, intorno al sesto - settimo mese, la cavalla, per concentrare tutte le sue energie sulla nuova maternità, allontana il puledro avuto in precedenza e non gli permette più di attaccarsi alle mammelle. Il puledro, che nel corso dei mesi precedenti ha stabilito legami con gli altri membri del branco, continuerà a vivere all'interno dello stesso, dove ha un posto ben definito gerarchicamente, e troverà altri punti di riferimento.

Con i nostri cavalli, chiusi in un box e fecondati a nostro piacimento dal veterinario questo schema si interrompe e dobbiamo intervenire, prima o poi, per dividere il puledro dalla madre.

E'un atto doloroso, un momento difficile sia per noi che per i nostri cavalli, ma necessario. Permetterà alla madre, ormai esausta e consumata fisicamente dalle continue richieste di latte da parte del figlio, di riprendersi e al puledro di crescere e responsabilizzarsi.

Esistono due modi diversi per agire.

Il primo consiste in uno stacco graduale mentre il secondo prevede un taglio netto.

Quando il vostro puledro avrà raggiunto l'età di sei o sette mesi, e se avrete correttamente effettuato il paggaggio da una nutrizione basata esclusivamente sul latte materno ad un'alimentazione solida, il piccolo sarà prefettamente in grado di nutrirsi autonomamente. A quell'età si attacca alle mammelle della madre più per gioco o alla ricerca di rassicurazioni che per mangiare. Lo svezzamento avviene perciò più da un punto di vista psicologico ed emozionale che da un punto di vista fisico. Il puledro dovrà staccarsi da colei che è stata fino a quel momento il suo principale punto di riferimento e di conforto.

Se però nei mesi precedenti il piccolo avrà instaurato rapporti di amicizia con altri cavalli, e avete passato del tempo produttivo insieme a lui, lo stacco dalla madre sarà meno traumatico.

Se desiderate che lo svezzamento avvenga in maniera graduale, già nelle settimane precedenti dovrete abituare il puledro all'assenza della madre, chiudendolo in box e allontanando la fattrice, all'inizio per pochi minuti e poi, gradualmente, per un periodo sempre più lungo. Al momento dello svezzamento vero e proprio il piccolo verrà separato dalla madre ma posto in un box attiguo, dal quale avrà la possibilità di vederla e toccarla, ma non di bere il latte. Durante il giorno il puledro continuerà a soggiornare nel paddock che avrete utilizzato fino a quel momento, se possibile insieme almeno ad un altro cavallo di buon carattere. Meglio sarebbe che i due si conoscano già e che il cavallo che metterete a fare "da balia" al puledro abbia già trascorso del tempo con lui insieme alla madre.

State molto attenti in questa fase a scegliere il cavallo giusto da mettere insieme al vostro piccolo; alcuni puledri particolarmente esuberanti potrebbero molestare il nuovo compagno di giochi che reagendo potrebbe ferirli seriamente.

Soprattutto con i puledri di sesso maschile, preferisco effettuare lo svezzamento in maniera radicale e netta. Già dopo il compimento dell'anno di vita gli ormoni cominciano ad essere attivi e vi sarà comunque impossibile far soggiornare il vostro stalloncino al paddock insieme alla madre, o ad altre femmine. In questo caso dividete madre e figlio allontanando uno dei due dalla scuderia per un breve periodo di tempo (una quindicina di giorni saranno sufficienti) o, in alternativa, spostate il puledro in un box il più lontano possibile da quello della madre, vegliando che tra i due non possa esserci contatto visivo. Mettete un altro puledro, o un pony nello stesso box insieme al vostro piccolo o, in alternativa, fate in modo che abbia vicino un cavallo che conosce e del quale si fida, che gli darà conforto e gli infonderà sicurezza. Per un certo periodo di tempo dovrete essere accorti che madre e figlio non possano vedersi, nemmeno da lontano, perché l'istinto li porterebbe a cercare di tornare l'uno dall'altra e potreste ritrovarvi con recinti demoliti e cavalli sanguinanti.

Le prime ore, o addirittura i primi giorni dopo la separazione saranno difficili: fattrice e puledro si chiameranno disperatamente e la vostra cavalla potrebbe addirittura rifiutare il cibo. E' straziante, ma dovete tenere duro. Nel giro di poco tempo il cordone ombelicale psicologico tra i due sarà definitivamente spezzato e tutto tornerà alla normalità.

Nel frattempo, occupatevi della vostra fattrice e fatele frequenti docce fredde sulle mammelle per inibire la produzione di latte e continuate a passare del tempo con il vostro puledro. Vi accorgerete che, se nei primi mesi la madre vi era di aiuto nell' addestramento del puledro, alla fine era quasi diventata di intralcio alle vostre attività con lui.

Se il vostro puledro è una femmina, al termine dello svezzamento potrete anche rimetterla al paddock insieme alla madre, o reintrodurla nel branco nel quale soggiornava precedentemente. Tra madre e figlia continuerà ad esserci un rapporto speciale che durerà per tutta la vita, ma la piccola sarà in grado, d'ora in avanti, di vivere anche senza la costante presenza materna.

Postfazione

Quello che avete intrapreso è un viaggio bellissimo. Avete programmato, sognato, sofferto e gioito, riso, pianto. Vi siete emozionati e preoccupati e avete spinto, insieme alla vostra cavalla, nel momento del parto. Avete pianificato e vi siete abbandonati all'istinto. Avete assaporato la vita che nasce e che investe, quasi violenta, con la sua energia. Vi siete specchiati centinaia di volte negli occhi, immensi, del vostro puledro, perdendovici e il vostro puledro è diventato il vostro specchio, diventando ciò che, in fondo, voi siete. Avete dato molto e ricevuto di più.

E siete cambiati, cresciuti e maturati insieme al vostro cucciolo, che ora è pronto per affrontare la vita senza la madre, ma con voi.

Il viaggio continua... e sarà lungo e meraviglioso.

E voi crescerete e vi evolverete con, e grazie a lui che, continuando a specchiarsi in voi, crescerà e si evolverà.

Buon viaggio a tutti e due!

INDICE

Introduzione..5

1. Poniamoci alcune domande prima di cominciare....................9

2. Alla base di tutto: la fattrice.....................................15

3. Unire per migliorare ulteriormente: la scelta dello stallone.....19

4. Prima di fecondare...27

5. La fecondazione...31

6. Controlli in gravidanza...35

7. Gestione e alimentazione della fattrice..........................41

8. La preparazione al parto..47

9. Il parto..53

10. Le prime ore di vita del puledro.................................59

11. La gestione della fattrice e del puledro.........................65

12. Educazione del puledro...71

13. Svezzamento..85

Postfazione...89

Altre pubblicazioni dell'Autrice

Educazione e addestramento del puledro – Dalla nascita alla doma, 2016- *L'Arca Communication*

Vecchio a chi? Trucchi e consigli per la gestione del cavallo anziano, 2017- *L'Arca Communication*

Stretching per il cavallo – Manuale teorico-pratico, 2017- *L'Arca Communication*

L'acqua che cura - Manuale di idroterapia per il cavallo, 2017 -*L'arca Communication*

Zucchero e peperoncino – La storia vera di Shahzada, piccolo cavallo figlio del vento – Prima Edizione 2008, Nuova Edizione 2017- *L'Arca Communication*